Besides, History:

Go Hasegawa
Kersten Geers
David Van Severen

Edited by
Giovanna Borasi

with contributions from
Bas Princen and
Stefano Graziani

Translated by
Tomoko Sakamoto

Canadian Centre for Architecture
Kajima Institute Publishing

Besides, History:
Go Hasegawa, Kersten Geers, David Van Severen

ビサイズ、ヒストリー 現代建築にとっての歴史　長谷川豪、ケルステン・ゲールス、ダヴィッド・ファン・セーヴェレン

005	建築はそれ自体で語るための方法を求めている	
	ジョヴァンナ・ボラーシ	

012	境界線としての平面図	
	ケルステン・ゲールス、ダヴィッド・ファン・セーヴェレン	

042	集合論としての断面図	
	長谷川豪	

064	部屋のある眺め	
	ケルステン・ゲールス、ダヴィッド・ファン・セーヴェレン	

078	見かけの凡庸さ	
	長谷川豪、ステファノ・グラツィアーニ、	
	ケルステン・ゲールス、ダヴィッド・ファン・セーヴェレン	

086	展覧会平面図	

088	モントリオール、2017年5月	
	バス・プリンセン	

172	作品12題	
	長谷川豪、ケルステン・ゲールス、ダヴィッド・ファン・セーヴェレン	

189	対話:ビサイズ、ヒストリー	
	ジョヴァンナ・ボラーシ、ケルステン・ゲールス、長谷川豪、	
	ダヴィッド・ファン・セーヴェレン	

208	クレジット	

建築はそれ自体で語るための方法を求めている
ジョヴァンナ・ボラーシ（CCAチーフキュレーター）

　　　　　書かれないマニフェスト

我々が建築について語る方法はさまざまだ。
建物は図面によって記述できる、
プロジェクトのもとになるアイデアは明確に表現できる、
プログラムの要点は述べられる、
予算は計算できる、
などなど
　しかし、建築それ自体に語らせること、もしくは設計のアプローチ、都市の見方、コンテクストへの理解、過去と現在の両方の時間への関わり方など、具体化されない物事を記述し誰かと共有することは、より難しい課題になる。
　これらの物事は建築をつくるプロセスの中に存在し、建築的な思考のツールとも深い関わりをもっており、理想的には、完成した建築の中にこそ顕著に現れるはずのものだろう。建築家がそういった問題に関心をもっていれば、そして我々ユーザーがそこに建てられた建築の物質、機能、コンテクストのさらにその先を見ることができるならば、これらの固有性こそが建築に恒久性を、そして意味を与えてくれるものになる。
　私は建築の問題——今日の世界にとって重要な、そして社会の中で我々に新しいかたちで突き付けられている課題——を、建築家がどのように考え、その建築的な思考によってどのように自らの立場を位置付けているかを明らかにし、そしてそれらの問題を彼らと議論し、解明しこみたいと考えている。我々がアート作品に対して期待するような何かが、建築の作品にも起こりうるのではないだろうか。そのとき、ある問題について建築家たちにそれぞれの立場を表明してもらうことが、対話を始めるひとつの方法になるだろう。彼らの意見や、今日の世界に対する空間的なアプローチをオープンに表明してもらうにあたって、言葉だけでなく、図面や模型、モックアップといった建築的なツールを使って語ってもらうのだ。そうすれば建築は、実際に建てられたもの以上に、それ自体で雄弁に語りはじめる。そこでは

それぞれのアプローチが明らかになるだけでなく、あるテーマについての建築家たちの意見交換の中に、社会と文化についての洞察が表れるのである。

　CCAのマニフェスト・シリーズの展覧会およびカタログは、2006年に始まって以来、そのような試みを実行し、達成してきた。そこでは常に、CCAがあるテーマを提示しそれについて複数の建築家が対話する、という形式が取られている。これまでのシリーズとしては、ジル・クレマンとフィリップ・ラムによる環境についての対話、グレッグ・リンとマイケル・マルツァン、そしてアレッサンドロ・ポリによるテクノロジーと技術についての対話、スティーヴン・テイラーと西沢立衛による密集した都市環境の中に暮らすことについての対話、そしてウンベルト・リーヴァとビジョイ・ジェインによるインテリアという概念についての対話などがある。そうして今回、オフィスのケルステン・ゲールスとダヴィッド・ファン・セーヴェレン、そして長谷川豪にCCAは「建築の歴史」というテーマを投げかけた。

　どちらの建築家も非常に興味深い手法で「時間」というテーマを扱っており、それが彼らのつくる建築の形につながっている。そして彼らはどうやら、現代的なイメージから新しい形を生み出す必要性に駆り立てられていないようだ。このことは「現在」に固執しがちな我々の社会において特に注目に値するだろう。彼らはむしろそういった潮流とは正反対のものを探求しているとすらいえるかもしれない。彼らは、現在という時間について多くのことを考えつつも、「現在のニーズ」といった考え方からは批判的に距離を保とうとしている。そしてそのために有効な、過去の建築における類似性や正当性、アイデアといったものを、意識的に、そして慎重に顧みている。オフィスと長谷川は、ヨーロッパと日本という、時間、歴史、前の世代の建築家や過去の建築の遺産などの捉え方がまったく異なる文化を背景としているにもかかわらず、ある似通った関心を抱いている。それは、積極的なやり方で現代と過去のどちらにも関わりうる、とても基本的な要素でつくられる建築に対しての興味である。

歴史と今日

建築というものは必然的に、未来に何かを投影したいという欲望と関わっており、そこでは常に「新たな新しさ」が想像されるが、どんな建物もその前例とのつながりを避けることはできない。

　CCAはオフィスと長谷川に次のような質問を投げかけた。あなたはどのように歴史上の物事と関わりをもっているのか。歴史というものを気にかけているかどうか。歴史はどのように自分の作品に影響を及ぼしているか、あるいはいないのか。あなたはどのように過去の建築を学ぶのか。終わりなき「現在」に夢中になっているような時代に、なぜ今、歴史に新たな関心を抱くのか。

　彼らは歴史的な建築様式をそのまま流用したポストモダンの立場からは距離を置いている。また、一世代前の建築家のように、新たな建築理論をつくるために歴史を利用したり、歴史を否定し未来への信頼と技術への期待によって新たな価値と言語を発展させようとしたモダニストの立場に戻ろうともしない。彼らとの対話の中で、歴史は多様な時代と場所から選択された参照源（リファレンス）——アンドレア・パラーディオ、ジョン・ヘイダック、アルド・ロッシ、坂本一成... ——からなる星座を形づくった。彼らにとって歴史の探求とは、単に操作的あるいは字義的に過去を利用する手段ではなく、もっと直接的に建築の美しさを求めるための姿勢であることが明らかになった。

　展覧会とカタログという形式を取ったこのプロジェクトは、建築の凡庸さや物質性についての新しい物語を紡ぎ出し、それらを構成的かつ概念的につなぎ合わせる方法を探す作業になった。そしてそれは、建築のとても単純な要素（柱や屋根など）や、類型的な要素（建物の平面図や断面図に対する彼らの並々ならぬ興味から明らかにされたもの）を再発見することでもあった。

　またこれは、自らがつくる建築を数々の建築プロジェクトの一部として見ることをいとわず、現在に生きる、そして過去に生きた他の建築家との対話や、建築の歴史から挑まれることを恐れない建築家についてのプロジェクトでもある。それはすなわち物語をつくるということを意味するが、しかしこの物語はオフィスや長谷川から始まるものではない。現代の建築家の多くは、すべてがすでにやり尽くされてしまったという考えの上に仕事をしている。にもかかわらず、彼らはこの時代にとって意味のあるものを建てるべきだと主張する。彼らが

過去を見るのは、コピーや引用をするためではなく、自らのアイデアやプロジェクトと対話できるような人々やアイデア、プロジェクト、建物といった参照源を明確にするためなのだ。

　この展覧会の内容と形式はこれらのすべてへの応答の結果である。長谷川とオフィスが歴史という存在の中での彼らの作品について語った対話を、物理的に体験できる空間だ。それは対話形式という開かれたものとなり、話し言葉による曖昧さを保ちつつもその言葉の意味を明らかにすることが試みられ、知的な議論が消耗されることなく空間へと置き換えられていった。彼らの作品の一部は1:1スケールで再現され、オフィスが自身のツールを用いて長谷川の作品を表現し、その逆もしかりというかたちで、双方の作品の同異点が示された。つまりそこでは、著者性という典型的な歴史的分類法さえも挑戦の対象となったのだ。そしてCCAのコレクションがそれらの並びの中に加えられ、ある建築的なアイデアへのつながりが示された。またギャラリーの一部屋では、一連の参照源と、過去と他の建築との想像的な類似性をテーマに写真家ステファノ・グラツィアーニが選んだCCAの所蔵作品が展示された。会場の様子は、バス・プリンセンによる写真によって本書に記録されている。

　この展覧会はある種の新たなマニフェストとして読むことができるだろう。今日の建築の新しい枠組みを築くために建築家たちが選んだ歴史的な参照を自らの作品と混合して展示すること。そこに通底しているのは、見かけの凡庸さ、基本的であることの強さ、普通であることへの賛辞、固有性の定義、意識的な構法の単純化、および回答の精確さだ。

過去と現在の類似

過去と現在というテーマを考えるにあたって、オフィスと長谷川は、
彼らの作品と関わりがあり、過去に対する彼らの興味を理解する助けに
なるような一連のカテゴリーを新たに定義した。これは、過去を受け
入れながら今日の建築を想像する可能性についてのステートメントだ。
このステートメントは彼らの作品をひとつの物語の中に、あるいは
彼らが選んだ数々の歴史的見解の中に、慎重に位置付けるものなのだ。
　　　展覧会では、「見かけの凡庸さ」「集合論としての断面図」
「部屋のある眺め」「境界線としての平面図」「共通の土台」と名付けられた
各部屋において、建築の基本的なツール（平面図、断面図、透視図、模型）
への彼らのアプローチが示された。また彼らがこれらのツールを
使って過去の建築（より厳密にはCCAの所蔵するコレクション）の中に、
彼らの作品と対話を始めるような参照源（オフィスが「空似言葉」と
呼ぶもの）をどのように探してきたかを提示している。彼らはときには
態度、ときには特定の作者、また素材や技術的な解決方法などを求めて
いる。このように彼らが興味を惹かれる過去と現在のあいだの
さまざまな対話の積み重ねによって、彼らの建築と、彼らが過去の
建築を見つめるその視点について、我々はより深く理解することになる。
　　　オフィスと長谷川にとって、素材の選択は建築の基礎をなす
行為である。どんな場合にも既定路線での素材選択などというものは
存在しないし、すべての建築を常に同じ方法で建てなければならない
とも考えていない。彼らはさまざまな素材を、手段の経済性を考慮しつつ、
論理的に判断して使用するが、素材それ自体の中に新しさや古さ
といった区別を認めることはない。そこにある技術が現代的なので
あって、建築家は素材の扱いによってそれを何か曖昧なものへと変容させ、
新しい意味を与えることができるのだ。そしてその選択は当然、
空間構成と関わりをもつ。その結果として出来上がった建築は少ない
要素に単純化されており、一見凡庸さを纏っているようだが、じつは
極めて非凡である。すべてのプロジェクトにおいて、素材性はずっと
複雑な言葉とそこに生まれる空間とを伝えようとしているのだ。
展覧会ではオフィスが設計した「シティ・ヴィラ」と長谷川が設計した
「経堂の住宅」を抽象化した1：1スケールの部分モックアップによって、
彼らのスケールと建築的な要素、そして素材に対する考え方が
明示された。

長谷川は自身とオフィスが設計した多様なプロジェクト（一家族のための個人住宅から都市のコミュニティセンターまで）の1：5スケールの詳細断面図を、素材の選択が明確に分かるように描いた。そしていくつかの参照作品——グンナール・アスプルンド、ル・コルビュジエ、ミース・ファン・デル・ローエ、坂本一成によるプロジェクト——を取り上げ、長谷川の構法や空間構成に対する関心を表現しようとした。こうして実在のプロジェクトを通してその構造論理を探究することを通じて、長谷川とオフィスの設計活動と、先達たちとのあいだに対話が生み出された。

同様の結果をオフィスが描いた両者のプロジェクトの魅力的な透視図によっても得ることができた。一方が他方の作品を取り上げて、それを自分の参照の枠組みの中で表現するという、著者性に挑むこの異例の制作は、彼らがオープンに互いの作品を見比べながら会話を行うというシンプルなアイデアから生まれたものだ。通常なら過去の建築に対して行うような行為——他の建築家の作品を精査し、その図面を描き直すことなど——が、ここでは同時代の建築に対して行われている。オフィスと長谷川はまるでコラージュをつくるようにイメージを抽出し、流用し、レイヤー化して、新しい現代性あるいは未来への投影をつくり上げた。

あるいはまた、オフィスが選択した彼ら自身と長谷川のプロジェクトの平面図が、CCAのコレクションとともに一列に並べられた。「境界線」という建築的コンセプトの定義にあてはまる数々の図面をまとめたその様子は、まるでジャン・ニコラ・ルイ・デュランの建築比較図集の新しいバージョンのようであった。彼らにとって、平面図とは根本的な意図、意思の表現であり、この「境界線」という概念——壁や列柱によって内と外の境界を定義する多くの異なる方法があるということ——はオフィスの作品において非常に重要である。そしてこの物語の中に長谷川の作品を入れることによって、両者がいかに同じ問題に着目しているかという事実を比較しながら示しているのだ。このような展示方法によって、平面図の時代性や系統性は消し去られる。歴史的参照源と彼らのプロジェクトが同様の役割を担いながら、まるで相互に影響し、インスピレーションを与え合いながら同時に進化していったかのように見えてくるのだ。この曖昧さが新しい

生成モデル、そして新しい歴史との対話方法を提供する。平面図を一貫した表現手段として扱うことで、我々はルネッサンス、近代、現代といった異なる時代における境界線の考え方を、容易に比べることができるのだ。

　そしてこの曖昧さは、彼らの建築の歴史への具体的なアプローチとその追求方法にも現れている。オフィスも長谷川も、あるひとつの建築作品の全体を研究することには興味がない、と結論付けることさえできるだろう。彼らの関心の焦点はもっと絞られていて、あるプロジェクトのアイデアが別のプロジェクトへそのまま転換されるようなことは決して起こらない。彼らは、たとえば境界線の問題を考えているときにあるプロジェクトの平面図に興味をもつかもしれないし、構法と素材に思いを巡らせているときに別のプロジェクトの断面図に関心を抱くかもしれない。その意味では、彼らがつくる新しいプロジェクトのひとつひとつが、多くの過去の参照からなる最高の組合せを内包しているのだ。

　この展覧会では、建築の背景にあるアイデアを説明するような文章は意図的に排除され、ほとんど存在しないといってもいいほどだ。建築は、その形を通して、もしくはその特有のコミュニケーションツール（図面、模型、透視図、モックアップ）を使って、それ自体で語るべくそこに置かれている。このような方法によって、ひとりの建築家が描いた現代の図面が、他の建築家や巨匠の過去の図面と併存できる。それらが傍らに、あるいは対峙して置かれることで、作品同士のあいだに対話が始まる。それ自体で語る建築たちが近接し合うことによって、建築のアイデアはより明快なものになるのである。

境界線としての平面図

ケルステン・ゲールス、ダヴィッド・ファン・セーヴェレン

　ルネッサンス盛期の建築についての興味深い文章の中でジェームズ・アッカーマンは、平面図に関してその時代に特有の２つのことに注目した。一つ目は、平面図というものが建てるための書類としてというよりも、表現として使用されていたこと、そして二つ目は平面図が多かれ少なかれそれ自体で独立して存在していた、ということである。ルネッサンス盛期に描かれた断面図はほとんど残っておらず、建築は平面図でつくられ、表現されていたようなのだ。平面図は建物の肖像画であり、いうなれば、建築を正当化する手段だったのだろう。

　　　ルネッサンス時代に描かれた平面図、それも建物が竣工した後に伝達手段として描かれた図面の多くは、最も重要なプロジェクトの本質を伝えている。要素や指標といったものが目立たないようにレイアウトされる一方で、特定の形態が抽出され、強調されて描かれている。半分は空間を、もう半分はダイアグラムを表す図として、平面図は建物の技術や施工に関わる細部を表現する必要がないものとして捉えられていた。平面図は単に白黒の、図と地を示すものに過ぎず、その建築の主な特性と、特殊な点、性格、参照源、その原型など、すべての抽象的な事柄を表していた。そこには機能はなく、空間だけが描かれた。その率直で体系的な厳格さを備えた肖像画としての平面図は、プロジェクトの境界線（ペリメーター）、アウトラインを示している。その線の内側がプロジェクトで、その外側は世界、というわけである。重要なのは過度に単純化されているという点だ。情報を削ぎ落とすという行為が、情報の共有と、知識の伝達を形づくる。すると物理的にも構造的にもまったく異なる建物同士が、同じ平面図を共有できることになる。

　　　その意味では、この５世紀以上もの間ほとんど変化はなかった。断面図の中で複雑さを追求しようとする試みは現れては消えて、僕たちの建築生産にはほとんど影響を与えることはなかったし、僕たちはこれらの出来事をおそらく無意識に無視していた。平面図こそがいまだに僕たちの興味の大半を占めているのだ。自分たちの、あるいは長谷川豪の仕事を振り返ってみると、さらに

多くの平面図が思い出されてくる。その曖昧さと構造的に中立な傾向によって、平面図は、容易に共有可能な知識になりうる。新しいものも古いものも含めてすべての平面図を集めてみると、まるでバラバラになった家族を寄せ集めて再構成したような感じがするだろう。そうやって親戚がテーブルの周りに集まると、似ている部分が見えてくる。平面図を集めて展示した部屋は、とある家族の肖像画を集めたギャラリーになる。すべてのつながりが簡単に見えるわけではないし、ある家族の一員同士の関係が他の家族とのそれよりも深いということもあるだろう。けれどもまさにその近くて遠い親和性が生みだす複雑な関係性こそが、僕たちが建築をつくる原動力になるのだ。

　僕たちは平面図に関してよく境界線(ペリメーター)という用語を使う。この文脈においては還元的な言葉だ。平面図の多くは、ただの入れ物という考えに還元してしまうにはあまりにも複雑なものだろう。それでも、より洗練された意味で、この用語は僕たちの興味の大部分をカバーしてしまうのだ。僕たちにとって平面図とは、そこにある空間とその外側との、そして別の異なる空間とのあいだに引かれる境界線の決定とその積み重ねである。プロポーションの問題ではなく、ましてや機能主義的要求からも根本的に切り離されたところで、平面図という次元は、建築をつくるという複雑なプロセスのなかで多くの決断を促してくれる。もちろん、根本的な複雑性、参照源、部屋の配置や建築をつくるプロセスの中で決定的に重要なテーマなどのすべてを、白黒の、2次元の平面図という形式に単純化してしまうことは、あまりにも還元的すぎるだろう。機知に富んだコミュニケーションの手段として？　そう、結局のところ、平面図の役割は今もたいして変わっていないのだ。

次頁以降の平面図は、歴史的参照図を除き、すべてオフィス ケルステン・ゲールス ダヴィッド・ファン・セーヴェレンによってプレゼンテーション手法を統一して描かれたものである。

境界線としての平面図

アンドレア・パラーディオ、
アントニオ・ヴィセンティーニ
（製図技師）
ヴィラ・ロトンダ（ヴィチェンツァ）
平面図　1750年頃
グラファイト鉛筆下絵の上に
ペン、インク
48.8 × 35.9 cm
CCA所蔵
DR1985:0598

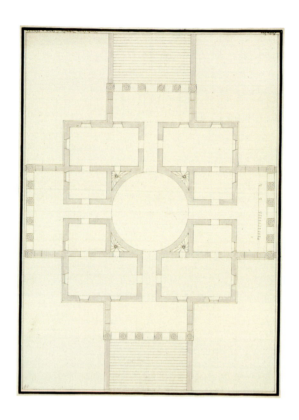

1750年頃に描かれた、長方形のフレームに囲まれたヴィラ・ロトンダの平面図。
このフレームとヴィラという形式は、もうひとつの建築——境界線と部屋で構成され、
内観だけを有する、外観の表現を一切もたない建築——を提示している。
（ケルステン・ゲールス　以下KG、ダヴィッド・ファン・セーヴェレン　以下DVS）

015

オフィス ケルステン・ゲールス
ダヴィッド・ファン・セーヴェレン
ヴィラ（ベルギー、ブッヘンハウト）
平面図　1:400
2007–2012年

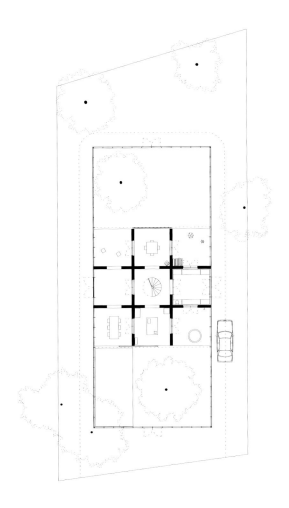

この住宅の平面図は多くのものが積み重なって出来た結果である。けれど、必要なものと
欲しいものという、一見矛盾したようなものが、建物全体の外観を形づくっている。まず、
敷地境界線を隣人と再交渉する必要があったので、境界線を住宅のかたちに組み込まざるを
えなくなった。次に、僕たちは住宅のどの部分にもあらかじめ決められた用途を与えたく
なかったので、同じサイズの9つの正方形平面の部屋からなる平面図が導き出された。
その結果、正方形の枠にはめられた、等価な部屋をもつ住宅となった。（KG・DVS）

境界線としての平面図

オフィス ケルステン・ゲールス
ダヴィッド・ファン・セーヴェレン
25の部屋（中国、オルドス）
平面図　1:400
2008-2009年

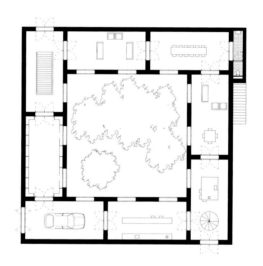

内モンゴルの砂漠に建つ宮殿、という野望を満たすべく設計されたこの住宅には、おそらくある程度の壮大さが必要だった。この平面図が示すように、贅沢という概念が、25個もの同じサイズの部屋を3層に積み重ね、空っぽの中庭を取り囲むように配置するというかたちに翻訳された。開口部を各部屋の同じ位置に設けることで、部屋をユニット化する。部屋を特定の用途に使うためには、それらの部屋の中に何でも必要なものを置けばいい。こうして3分の2が地中に埋め込まれたこの砂漠の宮殿は、その同一性によって寛大さを、その極端な質素さによって贅沢さを生み出している。（KG・DVS）

長谷川豪建築設計事務所
桜台の住宅（三重）
平面図　1:200
2005–2006年

長谷川豪が姉のために設計したこの住宅は、僕たちの「25の部屋」のプロジェクトと同じ
ように、いくつかの部屋が空っぽの中庭を取り囲んでいる。けれどもここではその中庭が、
この家の中で最も親密な内部空間になっている。そこにあるプラットフォームはすこし
持ち上げられているためにアクセスしにくくなっており、この家に住む小さな子供たちは
それをテーブルのようなものとして理解する。この空っぽの空間は中心的な要素として、
住宅とそれを取り囲む部屋同士を仲介する役割を担っているのだ。（KG・DVS）

境界線としての平面図

長谷川豪建築設計事務所
浅草の町家（東京）
平面図　1:200
2009-2010年

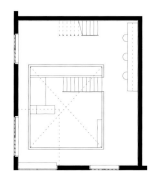

無機物（ミネラル）の家の中に木の家が入った、いわば家の中の家である。そこには２つの、ロシアのマトリョーシカ人形を思わせるような、入れ子状の境界がある。その形状はその２つの家の２本の線の役割について疑問を提している。この２つの家の中身は、その構築法（テクトニクス）と素材の違いによって異なる見え方をする。木の家の外にある立体は家具として理解されるが、同じようなエレメントが木の家の内側に置かれると、それはまるで食器棚の一部分のように、木の家に統合されたものとして見えるのだ。（KG・DVS）

019

アルド・ロッシ
チェントロ・ディレツィオナーレ
(トリノ)
平面図　1962年
トレーシング・ペーパーに
インクとグラファイト鉛筆
51 × 60.5 cm
アルド・ロッシ・フォンズ
(AP142)、CCA所蔵
AP142.S1.D4.P1.6

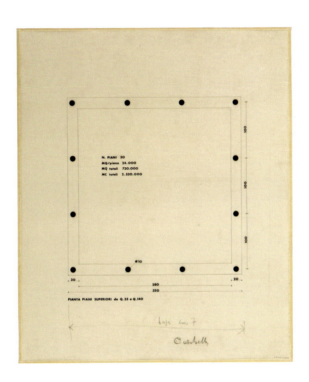

ロコモティーヴァのプロジェクトはアルド・ロッシが他の建築家と協同で設計した最初の
重要なプロジェクトである（二つ目はサン・ロッコのプロジェクト）。彼の作品の流れに
必ずしも沿うものではないように見えるが、『都市の建築』へと向かう、より極端な
アプローチを視覚化した作品だ。その境界線は、その内外に物事が出たり入ったりする、
都市的なふるまいを示す。その寺院とコロネードと巨大な箱の中間物のような平面図は、
ただその大きさによって均一に覆われた領域として存在が認められる、中身のない、真の
建築を提案している。(KG・DVS)

境界線としての平面図

オフィス ケルステン・ゲールス
ダヴィッド・ファン・セーヴェレン
避難都市（スペイン、セウタ）
平面図　1:5000
2007年

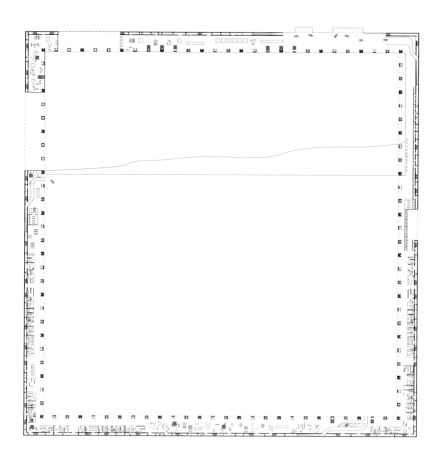

セウタの「避難都市」のプランは、建築の袋小路の結末である。このプロジェクトは、国境を越えてヨーロッパに越境しようとする難民の絶望的な状況を解決することはおろか、まともに正面からその問題に取り組むこともできないという建築の限界を、矛盾（アポリア）としての計画というかたちで伝えている。その大きさと形は占領された土地の領土の一部を含むように配置され——失敗した都市国家としての居住区域を形成する。（KG・DVS）

長谷川豪建築設計事務所
森のピロティ（群馬）
平面図　1:200
2009-2010年

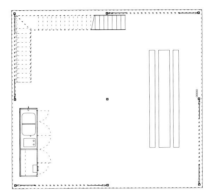

森の中のこのピロティの空間には壁がない。スチールの柱、ブレース、そしてコンクリートの床が、自然の中で微かな境界を示しているだけだ。あるいは逆に、100mmの柱と30mmのブレースは森の側に所属していて、森のエッジなのだということもできるかもしれない。それらは周囲の樹木や枝に似たスケールをもつことで、森の中にヴォイドをつくり出すのだ。
（長谷川豪　以下GH）

境界線としての平面図

ジョン・ヘイダック
ダイヤモンド・ハウスA
平面図　1963年頃
トレーシングペーパーに
グラファイト鉛筆
68 × 68 cm
ジョン・ヘイダック・フォンズ
(AP145)、CCA所蔵
DR1998:0060:003:013

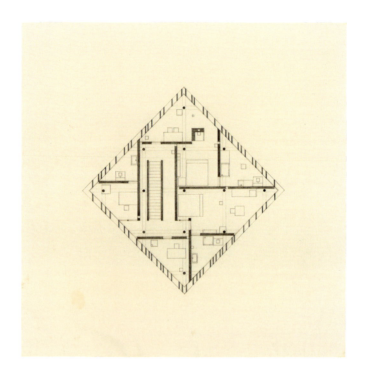

ダイヤモンドハウスの平面図は、物を入れる箱(コンテナ)と、そこに入る中身(コンテインド)の両方を示している。それは建築の「魔法の箱*」のように、その境界内に何でも入れることができるという提案のように見える。そして同時に、ダイヤの形の機知に富んだそのプレゼンテーションによって、疑わしくも完璧に中身の形をも示しているのだ。(KG・DVS)

―

* ル・コルビュジエの造語。boîte à miracles

023

オフィス ケルステン・ゲールス
ダヴィッド・ファン・セーヴェレン
火葬場（ベルギー、オーステンデ）
平面図　1:800
2014年

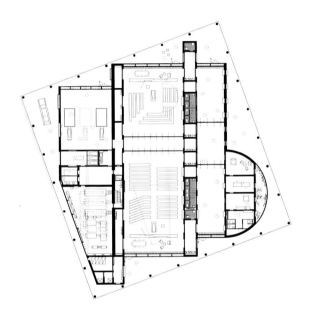

ランドスケープと建築の重なり合いとしての平面図。箱とベルト状の要素が、
　　　　　　　　　　　　　　　　　　　ボックス　　エレメント
それぞれアプローチと周囲の植栽計画のレイアウトに呼応するように互いにずれながら
配置されている。まるでラッシュアワーに人々がスシヅメになった東京の電車内のように、
さまざまな性質のものが調和と不調和を許容しながら集合している。（GH）

境界線としての平面図

オフィス ケルステン・ゲールス
ダヴィッド・ファン・セーヴェレン
アルヴォ・ペルト・センター
（エストニア、ラウルスマ）
平面図　1:800
2014年

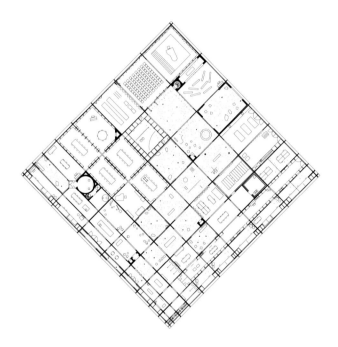

その平べったい巨大な建物はまるで都市計画のようだ。大と小、内と外、中心と周辺などの空間のさまざまな属性や差異を、そのまま丸ごとがぶりと飲み込んでいる。（GH）

長谷川豪建築設計事務所
横浜の住宅（神奈川）
平面図　1:200
2014–2015年

下階を無柱空間にするためにトラスを組んだ十字壁によって矩形平面が四等分される。
同一性がそれぞれの差異をむしろ強く意識させる。（GH）

境界線としての平面図

ジョン・ヘイダック
ダイヤモンド・ハウスA
アクソノメトリック図
1963年頃
トレーシングペーパーに
グラファイト鉛筆
66.7 × 66.7 cm
ジョン・ヘイダック・フォンズ
(AP145)、CCA所蔵
DR1998:0060:003:016

アクソノメトリック図によって空間が平ら(フラット)になっている。つまり3次元の図面が2次元に後戻りしている。このドローイングのシリーズの中でヘイダックは、いろいろな意味で、投影図の構成の起源を再びつなぎ合わせようとしている。境界というものがひとつの宇宙であり、出口でもありえることを確認するために、僕たちはこの図面を取り上げた。(KG・DVS)

オフィス ケルステン・ゲールス
ダヴィッド・ファン・セーヴェレン
橋（ベルギー、ヘント）
平面図　1:400
2006-2008年

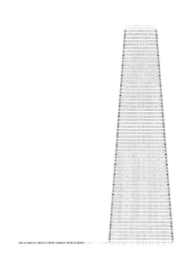

橋の境界にあたる鉛直材は、正面の建物に応答する列柱であり、壁であり、手摺であり、ゲートのハンドルでもある。同一断面のひとつのエレメントがプロポーションを断続的に変えながら、その役割を変えていくのが興味深い。（GH）

境界線としての平面図

長谷川豪建築設計事務所
石神井公園の住宅（東京）
平面図　1:200
2012–2013年

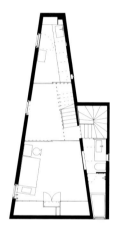

東京の小さな敷地において、寝室と仕事場のあいだの距離感を増幅するために、ブラマンテのような遠近法による視覚的効果を狙った台形平面。(GH)

長谷川豪建築設計事務所
経堂の住宅（東京）
平面図　1:200
2010-2011年

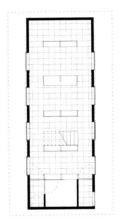

この1階部分では、住人である2人の編集者が所有する膨大な本のコレクションを
収納するために、上階の床を支える本棚を間隔をあけながら規則的に配列した。ここで
僕がイメージしていたのは、人間のための空間というよりも、物や動物を収容する工場や
納屋のような、直接的で、即物的で、純粋な空間だ。そう、いわば「本の家」としてこの1階を
設計した。（GH）

境界線としての平面図

オフィス ケルステン・ゲールス
ダヴィッド・ファン・セーヴェレン
ウィークエンド・ハウス
(ベルギー、メルシュテム)
平面図　1:400
2009–2012年

まるで塗り絵のように、5つのマス目が鮮やかに色付けられている。そのそれぞれが、新旧（既存の母屋と新たな増築部分）や内外や機能によるヒエラルキーから開放されて、部屋というよりも5つの独立した建物のように等価に扱われている。このプロジェクトのシンプルな平面計画は、ケルステンとダヴィッドが切望する「生きる喜び」を鮮やかに表しているように思う。(GH)

オフィス ケルステン・ゲールス
ダヴィッド・ファン・セーヴェレン
ヴィラ（ベルギー、リンケビーク）
平面図 1:200
2011-2015年

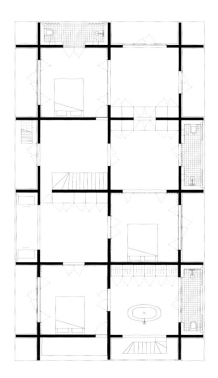

この平面計画は、個人住宅におけるレイアウトの慣習を反転している。外周部に
バスルームやプライベートスペースを置くことで身体が外部に投げ出され、壁ではなく
それらの薄っぺらい空間が内側のリビングスペースを包み込んでいる。（GH）

境界線としての平面図

アバロス&エレロス
ウセラの図書館（マドリード）
2000年
デジタル印刷
42 × 29.6 cm
アバロス&エレロス・フォンズ
（AP164）、CCA所蔵
イニャキ・アバロス、
フアン・エレロス寄贈
ARCH279522

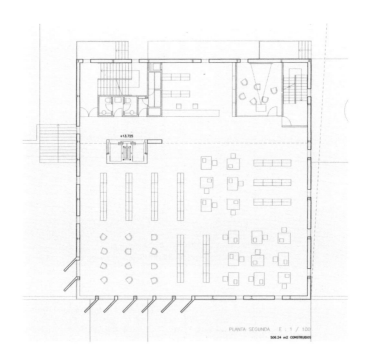

ウセラの図書館は、おそらくアバロス&エレロスの作品の中で最も不透明で最も象徴的なプロジェクトだろう。小さくて大きな箱の中に、いくつかの仕切られた空間が配置されている。平面図には、ほとんど何もない建築が示されている。細く不明瞭な線が、物を入れる箱（コンテナ）の境界線を規定している。その建物はいかなる壮観さを纏うことのないようにつくられ、それでいて公共的な様相を維持している。（KG・DVS）

033

長谷川豪建築設計事務所
駒沢の住宅(東京)
平面図 1:200
2010-2011年

空間の端っこは人を何となく安心させる。天井が自然光を透過する、ほとんど外のように明るいワンルームの空間で、大きな壁に寄り添って生活する。(GH)

境界線としての平面図

長谷川豪建築設計事務所
森のなかの住宅（長野）
平面図　1:200
2005-2006年

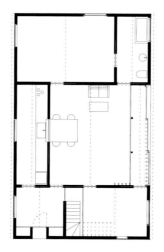

平面図においてこの住宅は、長方形の中に互いにずらして配置された一連の部屋のように見える。バランスの取れたいくつかの長方形がピースとなって集まり、思いがけずに完璧な1つの四角形——空間の入れ物(コンテナ)を形づくっている。（KG・DVS）

035

アンドレア・パラーディオ、
アントニオ・ヴィセンティーニ
(製図技師)
バシリカ (ヴィチェンツァ)
平面図　1750年頃
グラファイト鉛筆下絵の上に
ペン、インク
48.8 × 36.3 cm
CCA所蔵
DR1985:0607

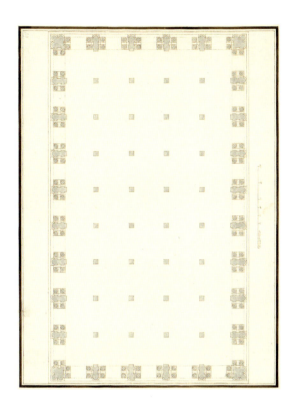

このバシリカの平面は、既存の建物と「ローマ様式」を表現したいという市役所の欲望の
あいだの葛藤に過ぎなかった平面図を理想化したバージョンである。この図面には外壁の
境界線だけが、そこに付加され理想化された敷居として示されている。そのために、この図は
まるでそれよりもはるかに後の時代に現れるアルド・ロッシ、ジアヌーゴ・ポロゼッロ、
ルカ・メダによるロコモティーヴァのプロジェクトの原型のように見えるのだ。(KG・DVS)

境界線としての平面図

オフィス ケルステン・ゲールズ
ダヴィッド・ファン・セーヴェレン
伝統音楽センター
(バーレーン、ムハッラク)
平面図 1:200
2012–2016年

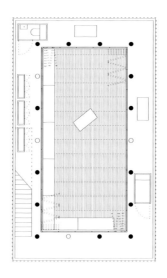

実際のところ僕には、この境界線が非常に薄いのかそれとも厚いのか、あるいは透明なのか不透明かも分からない。このダブルスキンが機能的にも環境的にも優れているという事実を理解してもなお、この建物の不気味な印象が残るのである。(GH)

オフィス ケルステン・ゲールス
ダヴィッド・ファン・セーヴェレン
ボーダー・ガーデン
(メキシコ、シウダー・フアレス／
アメリカ、エル・パソ)
平面図　1:2000
2005年

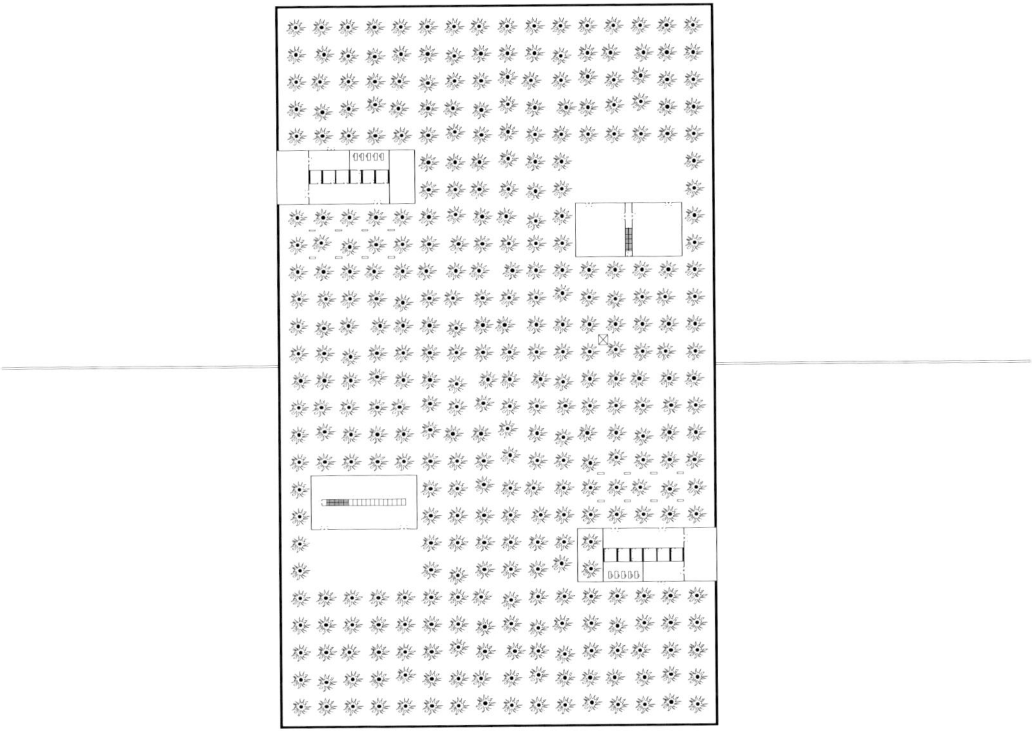

国境線が分厚くなって森を内包するまでになっている。オフィスによるこの初期の
プロジェクトには、ドライで、実用的で、そしてほんのすこし皮肉が込められた、彼ららしい
快楽主義が明確に表れている。(GH)

境界線としての平面図

セドリック・プライス
アトム
平面図　1966年頃
複写コピーに
グラファイト鉛筆とインク
69.5 × 46.2 cm
セドリック・プライス・フォンズ
(AP144)、CCA所蔵
DR1995:0233:020

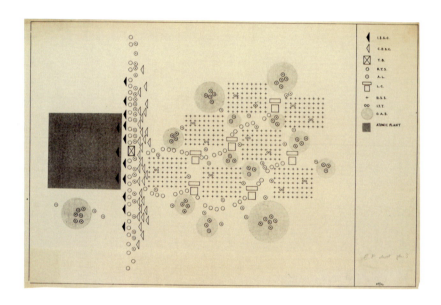

この平面図はただのグラフィカルなでっち上げだ。このプロジェクトが意味するものはじつは他のところにあるのだが、僕たちはこのプロジェクトの隣に描かれた広場に興味を惹かれた。プライスの作品においては、カジュアルに描かれたグラフィックにだいたい欺かれることになる。あるいはその両義的なグラフィックの中に、別の思索につながる出発点の可能性が秘められているのかもしれない。プライスの「アトム」にある広場——アメリカ合衆国政府の公的資金によって推進される新しい町のプロジェクトで、国の原子力研究所のプログラムが併設されている——も例外ではない。この広場はいくつもの意図的なアイデアによって活性化されている。（KG・DVS）

039

オフィス ケルステン・ゲールス
ダヴィッド・ファン・セーヴェレン
ソロ・ハウス
(スペイン、マタラーニャ)
平面図　1:500
2012-2017年

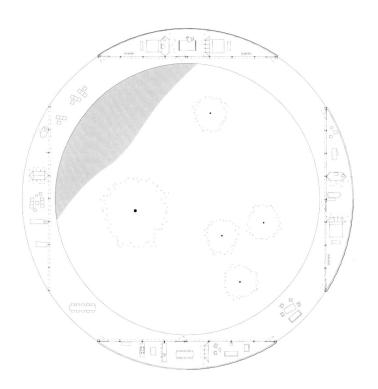

ソロ・ハウスに滞在したとき、僕は朝早く日の出とともに目を覚ました。まだ5時くらい
だっただろうか、大きな光の輪が壁面に現れた。7時頃になるとその光の輪は中庭のほうへと
移動して、その後夕方に消えてしまうまでずっと家中を動きつづけた。東京では、太陽は
いつも建物に遮られてしまうのでこんなふうに太陽の動きを実感することはとても難しい。
そうやってこの住宅は、周りの風景だけでなく、力強い大自然の存在を強烈に知覚させて
くれるのだ。(GH)

境界線としての平面図

アリソン&ピーター・スミッソン
未来の家
平面図　1955年頃
製図用フィルムにペンとインク
83.9 × 55.8 cm
CCA所蔵
DR1995:0039

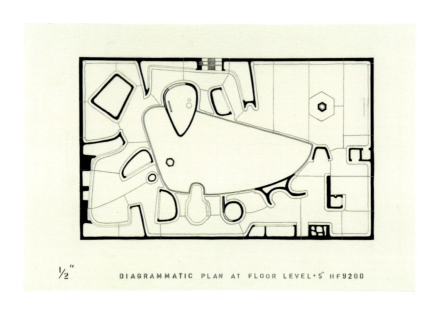

この平面図は、訳が分からなくなるほど独創的だ。大量生産するというアイデアに基づいて開発されたこのプロジェクトは、建築史においては形式主義のプロトタイプとして知られている。車とキャラバンを組み合わせるというロジックに基づいて、同じものを大量に並べて駐車できるよう、その境界線は四角い形をしている。室内は、あらゆる要素が大量生産によってコストを削減できるように考えられた特別仕様だ。この住宅はいくつもの点で、僕たち自身が描きたいと思っている平面図を先取りしている。四角いのにクレイジーで、建築と壁、そして装置の関係性を問い直しているのだ。（KG・DVS）

集合論としての断面図

長谷川豪

建築を理解するために断面図を必要とする３つの理由。
　　　一つ目は、断面図が天と地との対話であること。すべての建物は
その両者のあいだに存在しているので、これまでに建てられてきた
どんな建物にとっても、天と地の問題は常に重要でありつづけた。
大地は動かない。それは地震の頻発する日本においてでさえ、
安定性の象徴として捉えられている。だから建物を大地に固定するのだ。
建物をピロティなどによって浮かばせたり、地中に埋め込んだり
するのも、地面は動かないと信じているからこそできることだ。
それに対して、空は不安定さの象徴である。空はいつも異なる表情を
見せるし、人々は変わりつづける天候と付き合って暮らしている。
だからそんな空の不安定さに対処すべく、これまで基礎よりも屋根の
ほうがより大きな進化を遂げてきたのは当然のことだ。そうした
相反する２つのもののあいだで建物のふるまいを断面図によって
確認することが、今でも決定的に重要であることに変わりはない。
　　　二つ目は、断面図が建物と重力の関わりを示していること。
巨大で重いものを立ち上げ、そこにいる人々や物の重さを支えなければ
ならないのだから、建築の構造とはすなわち重力への対抗だともいえる。
その条件を満たすべく、建築家や構造家は、新しい素材を取り入れ
ながらさまざまな構造形式を開発してきた。たとえば、20世紀には鉄と
ガラスが居住空間を変え、現代でも軽い構造は空間のイメージを刷新し
つづけている。また建築家は重力そのものを消すことはできないが、
柱や梁といった建築部位や空間のプロポーションを検討することに
よって重力に対する感覚を更新することはできる。ゴシック建築の
垂直性の強い空間は天まで伸び、オスカー・ニーマイヤーの水平な空間は
地平のかなたへと広がり、妹島和世の華奢な列柱は屋根の重さを
空間から開放するかのようだ。こういった空間体験は、僕たちの重力に
対する感覚を随時更新してきた。
　　　三つ目は、平面図上の空間が基本的にどこもアクセス可能なのに
対して、断面図には多くの「触れない」空間を見出せること。手の
届かない、余剰ともいえるこれらの空間は、直接的に何らかの機能を
もちはしないかもしれないが、僕たちの生活空間に調和をもたらして

くれる。人は壁や天井ではなく床の上に立ち、歩くので、頭上には
常に、手は届かないが目に見える大きな気積がある。こうした
見える空間の他にも、断面図には、手も届かないし見ることもできない
けれど、そのすぐ下の居室の温度や屋根に当たる雨音を調節して
くれる屋根裏のような空間を表すこともできる。どのような機能や
プログラムをもつ建物であっても、そのような「触れない」空間は、
日常生活の中で僕たちの肉体や精神に大きな影響を与えている。
断面図によってこうした空間について改めて吟味することで、建築の
無意識を呼び覚ますことができるのではないか。
　　　このCCAのプロジェクトでは、以上の3つの側面を強調する
ために、断面図を身体のサイズに近いスケールで描いた。図面は
目線の高さに、地表面レベルを揃えて展示され、全体でひとつの
ランドスケープをつくっている。鑑賞者は、これらの図面を主観と
客観のあいだを行き来しながら観ることになるだろう。

次頁以降の断面図は、歴史的参照図を除き、すべて長谷川豪建築設計事務所によってプレゼンテーション手法を
統一して描かれたものである。

集合論としての断面図

オフィス ケルステン・ゲールス
ダヴィッド・ファン・セーヴェレン
ウィークエンド・ハウス
（ベルギー、メルシュテム）
断面図　1:80
2009–2012年

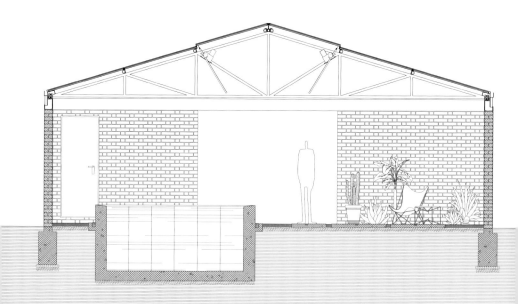

このウィークエンド・ハウスは、まず第一に、家である。屋根には勾配があり、壁はレンガで出来ている。誰かがこう尋ねるかもしれない、「で、他には何があるのか？」と。他には何もない、その住宅は週末に使うものなのだから、ウィークデイのあいだはただそこにあればいい。ほんのわずかなもので十分なこともある。（KG・DVS）

長谷川豪建築設計事務所
経堂の住宅（東京）
断面図　1:80
2010-2011年

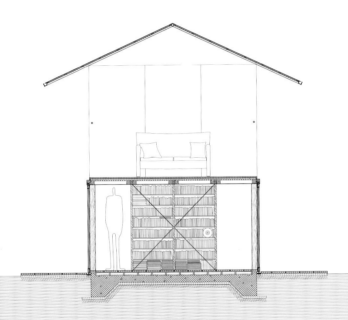

これは2つの異なる要素を注意深く積み重ねてつくられた家だ。この住宅を実際に訪れた者は、予想を超える別次元に出会うだろう。すべてが具体的で、すべてに触れることができる。下の階の天井は非常に低くなっている一方、屋根はほとんど非物質化されているのでほとんど存在しないかのようだ。住宅を構成する部材が、あたかもボール紙でつくった模型のように、やすやすと空間を定義している。（KG・DVS）

集合論としての断面図

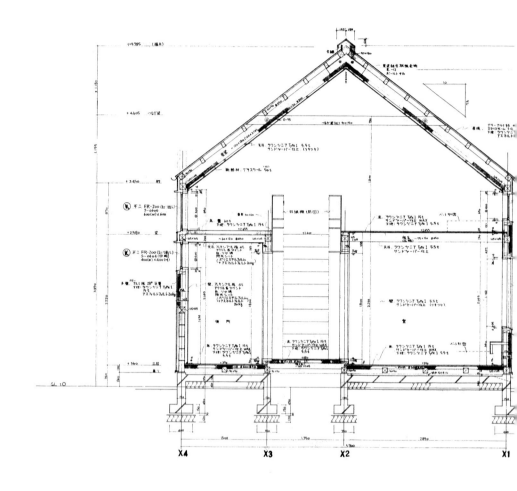

わずかに断面のプロポーションを変えるだけで、微かな緊張と新たな調和がもたらされ、ありふれた建物が、建築になる。(GH)

坂本一成
南湖の家（神奈川）
断面図　1978年
建築家の承諾を経て転載

僕たちは坂本一成が設計した沢山の住宅を訪れた。特に1970年代の作品は、屋根と壁を住宅の基本的な要素、入れ物の部品として再考しようとしていることがうかがえる。そしてそのすぐ後、1980年代のはじめには、それが爆発する。　住宅がテントになるのだ。
（KG・DVS）

集合論としての断面図

この住宅はおそらく、断面図としての建築、ということについての最も説得力のある議論を提供してくれる。木材を助骨状(リブ)に置いた床は、この小さな住宅を1つの空間にまとめると同時に多くの空間に分割する。いつ何時でも、この家の住人は自分が家族の一部であることを、今自分が家に、家族と一緒にいるということが感じられる。食器棚は階段の一部であり、床はパーゴラの役割を果たしている。こんなに離れて、こんなに近くに暮らせる、これよりもコンパクトな方法などあるだろうか。（KG・DVS）

長谷川豪建築設計事務所
駒沢の住宅（東京）
断面図　1:80
2010-2011年

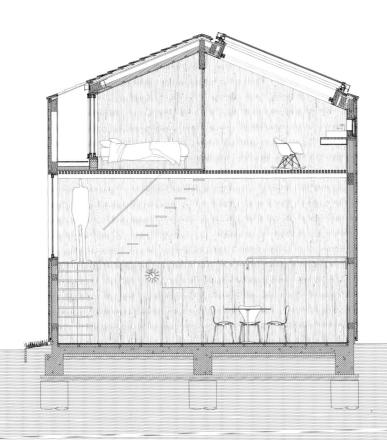

光や風を透過するこの住宅の屋根裏部屋は、1階と空のあいだの緩衝帯として機能する。僕はどのプロジェクトにおいても、空間の意味が変容するまで、各エレメントのプロポーションと位置を断面図で繰り返しスタディする。（GH）

集合論としての断面図

エリック・グンナール・アスプルンド
森の礼拝堂、森の墓地
(ストックホルム)
断面図　1921年
ペン、インク、グラファイト鉛筆
42.9 × 24.8 cm
CCA所蔵
DR1984:1642

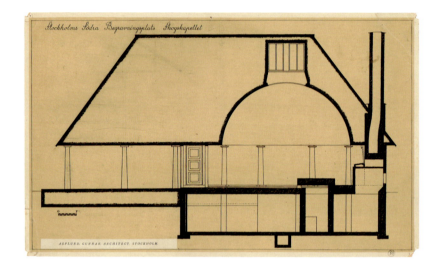

屋根や天井などの、2つのエレメントのあいだにある隙間に、僕はどうしようもなく惹かれてしまう。おそらくそれは、建築の意識の外側にあるからだろう。(GH)

051

長谷川豪建築設計事務所
森のなかの住宅（長野）
断面図　1:80
2005-2006年

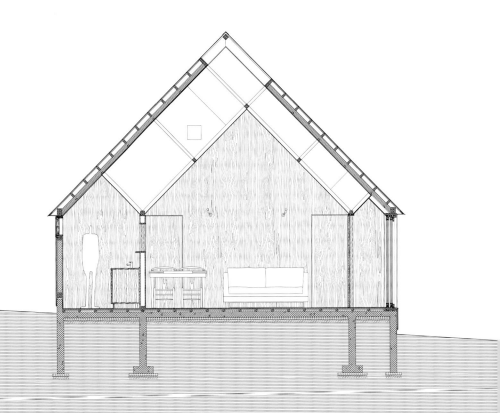

この住宅は、いわば屋根裏の空間だけを設計したプロジェクトだとさえいえる。この大きな
屋根裏の空間は日差しや木陰といった自然環境で常に満たされていて、それを介して、
僕たちの身体感覚は空に向かって、斜め上へと拡張する。（GH）

集合論としての断面図

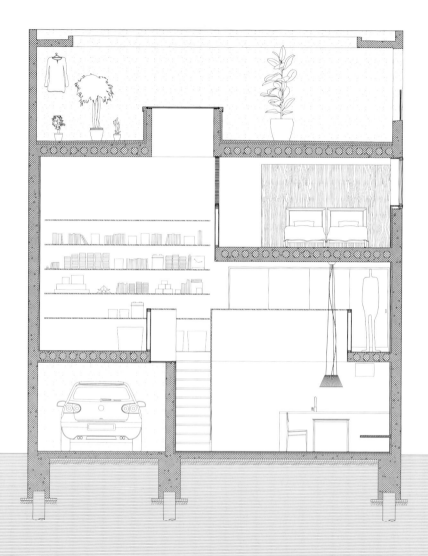

僕たちにはこんなに複雑な断面はつくれない。僕たちはこの断面に欺かれる。このような
断面形状を必要とするような生活というものを、僕らは想像できないが、だからといって
この空間的なパズルの魅力が損なわれるわけではない。この断面は、この住宅が、
インテリアの縦方向の連続性をつくるためにたくさんの部屋を少しずつ重ね合わせながら
収めた入れ物(コンテナ)であることを、あらゆる側面から示している。(KG・DVS)

長谷川豪建築設計事務所
浅草の町家（東京）
断面図　1:80
2009-2010年

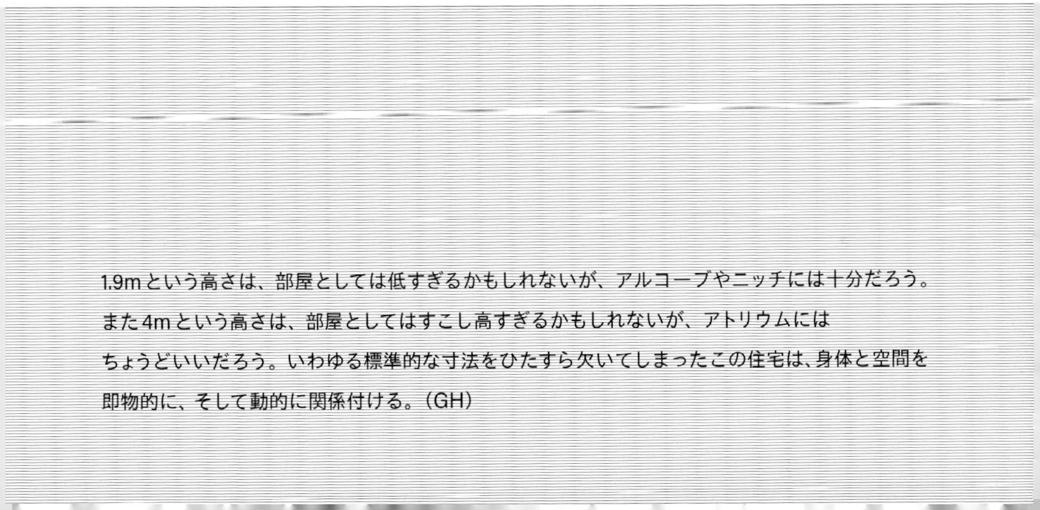

1.9mという高さは、部屋としては低すぎるかもしれないが、アルコーブやニッチには十分だろう。
また4mという高さは、部屋としてはすこし高すぎるかもしれないが、アトリウムには
ちょうどいいだろう。いわゆる標準的な寸法をひたすら欠いてしまったこの住宅は、身体と空間を
即物的に、そして動的に関係付ける。（GH）

集合論としての断面図

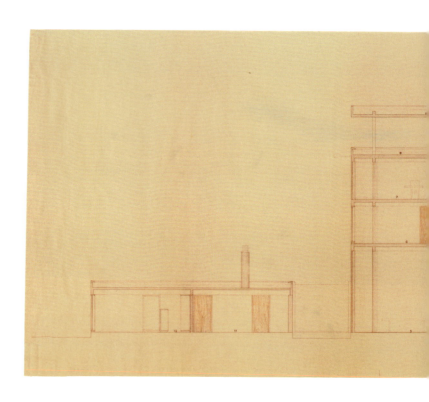

この建物の中には斜め方向の関係性がたくさん存在していて、それがこの建物にまるで都市空間のような質を与えている。(GH)

ル・コルビュジエ、
バルクリシュナ・V・ドーシ
(製図技師)
チマンバイ邸（アーメダバード）
断面図　1954年
ジアゾ式複写、グラファイト鉛筆
107.3 × 41.9 cm
CCA所蔵
DR1990:0019:011

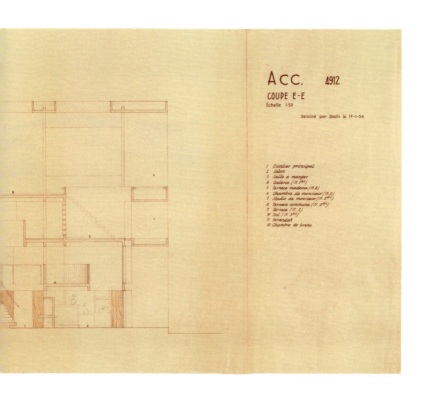

集合論としての断面図

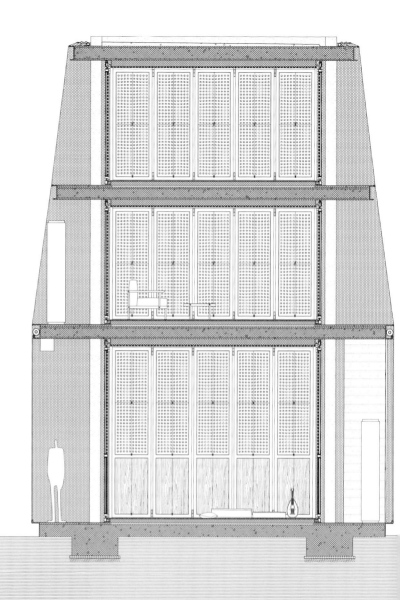

オフィス ケルステン・ゲールス
ダヴィッド・ファン・セーヴェレン
伝統音楽センター
（バーレーン、ムハッラク）
断面図　1:80
2012-2016年

建物を、柱とドア、そしてカーテンだけでつくることは可能だろうか。バーレーンにあるこの小さな公共建物は、そのすぐ隣にあるダル（音楽の家）と対になったアクセス可能な存在になっていて、好きなときに開き、または閉じてプライベートに利用することができる。柱のいくつかは配管で、扉のいくつかは壁になっている。カーテンがファサードだ。それはテントのように開かれた構造なのである。（KG・DVS）

集合論としての断面図

ガルバリウムパネルで覆われたその木の家はひとつの部屋のようなものだ。その家は、細い鉄柱によって木々のあいだに持ち上げられている。するとその家と柱が、下にもうひとつの部屋を生み出す。その部屋は森の中にあって、上の部屋よりもずっと儚くて脆弱だ。だが奇妙なことに、そうして結果的に出来た下の部屋のほうが主役となっている。(KG・DVS)

059

長谷川豪建築設計事務所
森のピロティ（群馬）
断面図　1:80
2009-2010年

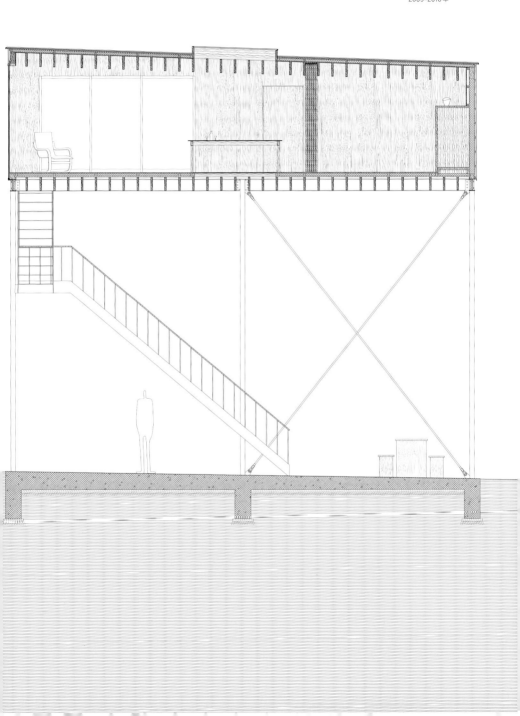

集合論としての断面図

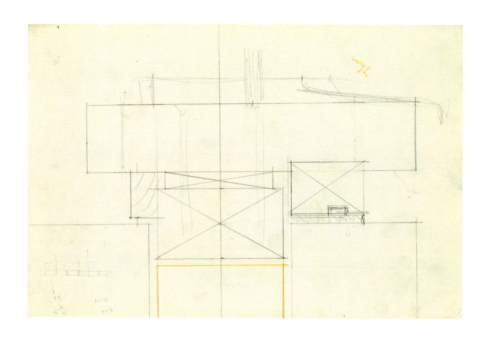

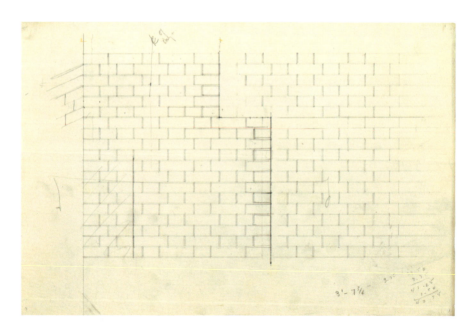

ミース・ファン・デル・ローエ
イリノイ工科大学金属工学科校舎
（シカゴ）
断面図　1945年頃
トレーシング・ペーパーに
グラファイト鉛筆
33 × 21.6 cm、33 × 21.6 cm、
33 × 21.6 cm
CCA所蔵
DR1994:0010:086、
DR1994:0010:087、
DR1994:0010:096 R

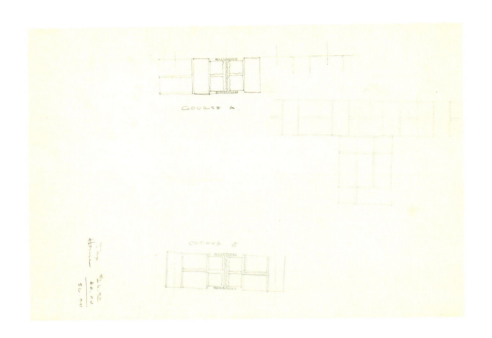

これらの断面スケッチは重力との交渉を表している。異なる硬さのものを正確に組み合わせることによって、建物にある種の軽さがもたらされるのだ。（GH）

集合論としての断面図

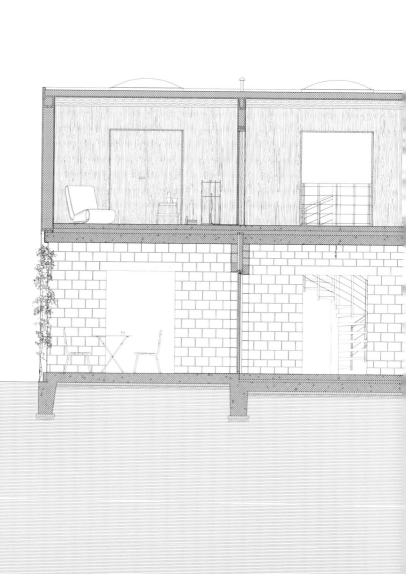

オフィス ケルステン・ゲールス
ダヴィッド・ファン・セーヴェレン
ヴィラ (ベルギー、ブッヘンハウト)
断面図 1:80
2007-2012年

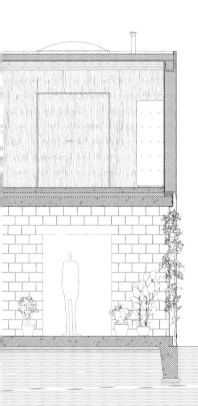

この住宅の断面図は、素朴な頑固さと論理的進歩に対する強迫観念によってつくりあげられた
複雑さというものを表している。9つの無機物(ミネラル)の部屋の上に9つの木の部屋を載せている。
平面形状は同じだが、間柱構造(バルーンフレーム)によって上の階の部屋と下のレンガの空間が異なる
ものとして区別されている。そのレンガの層のおかげで、下階における内部と外部の
ほとんど見えない差が調停されている。(KG・DVS)

部屋のある眺め

ケルステン・ゲールス、ダヴィッド・ファン・セーヴェレン

透視図(パースペクティブ)に対する僕たちの関心は、互いに関係のない２つのコンテクストから生まれている。そのうちのひとつ、おそらくより重要なほうは、1960年代にデイヴィッド・ホックニーがロサンゼルスで描いた絵に魅了されたということだろう。あの絵は僕らの学生時代、つまり建築を学ぶ幼少期に、いつもそこにあった。それらの印象的な絵を、僕らは初期のコンピュータのデスクトップの背景として使っていたものだ。その後スペインで勉強するあいだに絵画の意味は変化し、絵画に関連する情報の密度が高まっていった。アバロス＆エレロスは僕たちにレイナー・バンハムの四つの生態環境(エコロジー)についての気付きを与え、そのことが後に、無意識ではあったにせよ、ホックニーの透視図(パースペクティブ)(または非透視図(ノン・パースペクティブ))を僕たちにとってのマニフェストへと転換させていった。そしてもうひとつ、僕たちの作品に透視図法という考え方を導いたコンテクストは、二重否定的なものだった。21世紀のはじめ、建築の表現はコンピュータでつくられたレンダリングに取って代わられた。そのイメージはひどいものだった。その画像はまったく魅力的ではなかったし、バーチャルに建設された空間、仮想現実のスナップショットがただ無数に繰り返されそのまま蓄積されたものに過ぎなかった。おまけに僕たちは、そんな画像を作成するための技術も予算も持ち合わせていなかった。けれど何よりも、僕たちにとってはレンダリングというものが、優先順位(ヒエラルキー)、ある意味で決定を導くための視点、を与えてくれるようには思えなかったのである。

　　1960年代以降のホックニーの絵におけるほとんどの透視図は、単一の視点からさまざまな主人公を描いたものだ。それは物語のある絵画(タブロー)といえる。ポスト資本主義の親の元に生まれ、その瓦礫の中から出発した僕たちは、建築において本当に重要なことに焦点を当て、それをどうにかして形態と手法の両方に翻訳しなければならないと感じていた。僕たちが15年前につくりはじめたコラージュのようなシンプルな透視図は、ホックニーがロサンゼルスで試した技法をそのまま引き継いだものだが、機能もメディアも時期もホックニーのそれとは異なっている。同じくホックニーの絵画も、ピエロ・デラ・

フランチェスカのフレスコ画の恩恵を受けながら、テーマとメディアの
両方を根本的に20世紀のものにシフトさせている。僕たちがこれらの
先人たちと共有しているのは、着目点と緊張感だ。僕たちは多くの
透視図を描くわけではなく、ひとつのプロジェクトにせいぜい2つと
いったところだろう。特定のアイデアが明確に示されているものも
あれば、そうでないものもある。透視図は提案する建築についての、
しばしば平面図には示されないような、わずかな側面を示しているに
過ぎない。今日僕たちは、おそらくこれまで以上に、建築において特別で
あることの必要性を疑う必要があるだろう。特別なものや壮大なものが
いくら積み重なっても大きな騒音のようなもので、何も目立たない。
それでもなおその騒音の中で、何もかもやり尽くされた分野において、
目立つこと、何かを提供すること、体系化すること、そしてときには
支配すること、が決定的に重要なのだ。それこそが、僕たちがつくる
すべての透視図の主題である。それらは近頃よく見る模倣(エミュレーション)や
グラフィカルな装飾ではなく、サイズとプロポーションについての
意識的な実験なのだ。建築にできるのは、そのくらいなものだ。

次頁以降の透視図は、歴史的参照図を除き、すべてオフィス ケルステン・ゲールス ダヴィッド・ファン・セーヴェレン
によって描かれたものである。

部屋のある眺め

長谷川豪建築設計事務所
森のピロティ（群馬）
透視図　2009-2010年

これらの透視図はコントロールの練習である。これらの図の中にあなたが見るものは、僕らが
見せたいと思っているものだ。「森のピロティ」の部屋の連続は、「伝統音楽センター」の
ダル（家）にある部屋とはまったく異なるものだが、これらの透視図を見ると、森の中にある
柱に囲まれた空間が、都市のランドスケープの只中に置かれた部屋に似通ったものとして
読み取れるだろう。結局のところ、インテリアというものは、空間を快適にするための装置に
よって設計されるということだ。（KG・DVS）

部屋のある眺め

他の建築家がつくった自分の作品のプレゼンテーションを見る。何やら奇妙で、しかし新鮮な感じがする。オフィスが描いてくれた透視図（いまや世界中の若手建築家や学生のあいだですっかり人気のスタイルだ）からは、この建築の時代や場所、プログラムといったプロジェクトの内容がすっかり剥ぎ取られている。その、自分のアイデアや意図が消し去られた「森のピロティ」の透視図は、どこか違う時代に、違う場所で、違うもののためにつくられた建物のようでもあり、このプロジェクトをもう一度新しい見方で考えさせてくれる。(GH)

部屋のある眺め

エットレ・ソットサス
ショーネシー邸玄関のテーブル
カナダ建築センター（CCA）
（モントリオール）
立面図　1989年頃
複写コピー上に色鉛筆とペン
21.1 × 29.8 cm
CCA所蔵
エットレ・ソットサス寄贈
DR1989:0010

ソットサスの家具の図面には縮尺や目的が描かれていない。それらは内容（コンテンツ）のない建築であり、文字通り質量のない、ただの形態の積み重なりである。それらは現代生活の真の表象（トーテム）として、目的を求めながら僕らの世界を占領していく。（KG・DVS）

071

アルド・ロッシ
類似都市
透視図　1981年
トレーシング・ペーパーに
グラファイト鉛筆
63.2 × 69.9 cm
アルド・ロッシ・フォンズ
（AP142）、CCA所蔵
AP142.S1.D42.P2.2

この透視図は、「類似都市」のプロジェクトに関すると思われる無数の図面のひとつであり、空間、都市の構成、そしてコラージュを表している。ラウアーナの作ともいわれる理想都市の透視図に描かれたジュリアーノ・ダ・サンガッロの建物のように、ロッシ自身の作品である建物が他とは区別されて場面の中に注意深く置かれている。ロッシの透視図と深遠な歴史的参照源のあいだにつながりを見出そうとする試みは魅惑的だ。しかしこの透視図も構想半ばにして完成されなかった都市計画を描いたものであり、想像的な余白を残している。
（KG・DVS）

部屋のある眺め

アレッサンドロ・ポーリ―
スーパースタジオ
新月面建築、惑星間建築
1970–1971年
フォト・モンタージュ
33.3 × 37.7 cm
アレッサンドロ・ポーリ・フォン．
（AP148）、CCA所蔵
アレッサンドロ・ポーリ寄贈
AP148.S1.1970.PR02.019

このコラージュは、今回取り上げた参照源の中では最も大きく、対立的な作品のひとつになっている。そこにはどんな建築の中にも展開される、無視しようとしてもできない生命というものが描かれているのだろう。この絵は僕らが生き残った証言としても読むことができるかもしれない。
（KG・DVS）

マデロン・ヴリーゼンドープ、
無限のフロイト　1976年
水彩、グアッシュ、インク、
グラファイト鉛筆
78 × 57 cm
CCA所蔵
米国フィロテクトン社、
リッジウェイ社および
ビルトモアJ.V.社による寄贈
DR1984:1552

このドローイングは永遠に、その本に結び付いている。けれども本の著者には結び付いて
いない（おそらく、デイヴィッド・ホックニーが描いた『ロサンゼルス ── 四つの生態環境の
建築』の表紙のように）。それは客体であると同時に主体でもある建物同士のあいだの対話を
示唆しており、描写の曖昧さを上手く利用している。「これらは一体全体何を意味するのか？」
というあからさまであまりにもよく繰り返される精神分析的な問いを超えて、ここで建物は
登場人物として、透視図は場面として描かれているのだ。それにつけても、歴史についての
対話というものはどれだけ親近感を得るべきなのだろうか。（KG・DVS）

部屋のある眺め

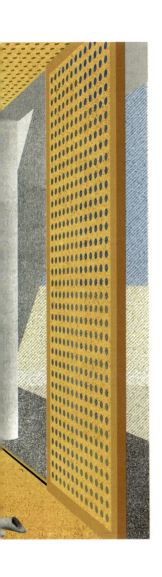

オフィス ケルステン・ゲールス
ダヴィッド・ファン・セーヴェレン
伝統音楽センター
(バーレーン、ムハッラク)
透視図　2012–2016年

部屋のある眺め

まるでヒジャブを纏った女性のようだ。頂部から吊り下げられたステンレスメッシュの皮膜が建物の量塊感を消し去って、音楽ホールの緞帳のように街なかに突然現れる。灼熱の国の都市空間を祝福する建築。(GH)

見かけの凡庸さ

長谷川豪、ケルステン・ゲールス、ダヴィッド・ファン・セーヴェレン

　僕はすべてのプロジェクトにおいて、屋根やバルコニー、窓といった建築要素(エレメント)に焦点を当てる。これらの要素は長い時間をかけて形をなし、一個人では決して到達できないような豊かさと知性を兼ね備えているものであり、僕はそのことにとても惹かれる。建築が備えているこうした側面は、建築家にとっても大きなアドバンテージだといえるだろう。誰でも屋根やバルコニー、窓を知っているので、建築家はこれらの要素を使って人々とコミュニケーションを取ることができるからだ。

　ロバート・ヴェンチューリは、それらを「慣習的な要素」と呼ぶ。彼は「『感覚が相対化し、意味が相互依存し合うような場の渦中』にあっては、新しい場面に置かれた紋切り型(クリシェ)のものが、古いとも新しいとも、平凡とも活気に満ちているとも、どちらともつかない豊かな意味を獲得している*」と書いている。ヴェンチューリの「レス・イズ・ア・ボア（少ないことは退屈だ）」というフレーズはあまりに有名だが、新しさや鮮やかさを否定しているわけではないのだ。「古いものと新しいもの」「平凡なものと活気に満ちているもの」といった二重性を定義した上で、彼は自分の設計する建物に対して、それらすべてを包括していくようなアプローチを展開していたのである。しかし残念ながら、彼がその理論を世に発表したときにあまりにもセンセーショナルに受け止められたため、こうした彼の凡庸さの概念はモダニズムの鮮やかさへの反動として捉えられてしまった。

　僕は、凡庸さと鮮やかさのハイブリッドは可能だと思っている。新しい考え方を発展させて、混沌とする世界に鮮やかに何かを提示しようとする人間の情熱はかけがえのないものだ。歴史の中にそういった事例がいくつも見られるだろう。なかでもモダニスト達が20世紀につくり上げた新しくて鮮やかなプロジェクトは、特に勇敢なものだった。けれども、僕は「勇敢な凡庸さ」を信じている。凡庸さは怠惰や臆病を意味するわけではない。凡庸さを受け入れることが、モダニティとヴァナキュラーのジレンマを超えて建築をより広い世界に開く方法になりうるかもしれない。多くの建築家が

抱いているような革新や鮮やかさに対する欲望もあるが、僕は
建物のあらゆる系統の中に自分の仕事を位置付けることに意識的で
いたい。それはミースの建築と何でもない小屋の両方を含む全系統の
ことであり、僕は今こそ、建築家はこうした広がりのある視野を
もつべきときなのではないかと思っている。

　「経堂の住宅」では、切妻屋根の勾配や要素同士の接合部、
ありふれた素材の選択や規格モジュール、日本家屋がかつて備えて
いた軽さや開放性、そして空間のスケールとプロポーションといった
ことを通して、僕はずっと「勇敢な凡庸さ」について考えていた
ような気がする。（GH）

---

* ロバート・ヴェンチューリ『建築の多様性と対立性』伊藤公文訳、鹿島出版会、1982年

見かけの凡庸さ

ステファノ・グラツィアーニ撮影
経堂の住宅（東京）
2017年
長谷川豪建築設計事務所設計
デジタルプリント
CCAによる委託撮影

081

ステファノ・グラツィアーニ撮影
経堂の住宅(東京)
2017年
長谷川豪建築設計事務所設計
デジタルプリント
CCAによる委託撮影

見かけの凡庸さ

ステファノ・グラツィアーニ撮影
シティ・ヴィラ（ブリュッセル）
2013年
オフィス ケルステン・ゲールス
ダヴィッド・ファン・セーヴェレン
デジタルプリント
CCA所蔵、写真家寄贈

083

ステファノ・グラツィアーニ撮影
シティ・ヴィラ（ブリュッセル）
2013年
オフィス ケルステン・ゲールス
ダヴィッド・ファン・セーヴェレン設計
デジタルプリント
CCA所蔵、写真家寄贈

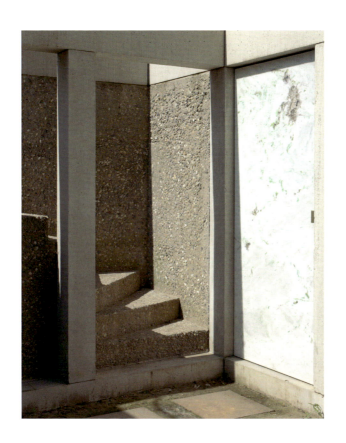

見かけの凡庸さ

　僕らは凡庸さについての偉大なチャンピオンではない。ここ20年ほどにわたる凡庸さと平凡さについての議論は、建築家がほとんど関わってこなかったようなピクチャレスクな住宅を再評価することに目が向けられてきた。けれどもそんなものを模倣する意味なんてあるのだろうか？　これらの住宅は——その他の多くの建物もそうなのだが——文化の意図的な表現とは関わりのないものだし、文化的な立場を取るひとつの方法としてそれらを模倣するなんてただの茶番だ。建築は、その自らの特権的な地位について意識的でなければならない。文化を生産する担い手として、長年にわたる議論の中でそう自ら刻み込んできたはずだ。

　僕らは凡庸さのチャンピオンではないけれど、普通の建物にまったく感心がないというわけでもない。むしろ品よく巧みにつくられている小さな建築様式は、多くの点で、文化的知識の本質を一貫して備えている。その注意深い精緻な仕事の中に、連続性の断片をうかがうことができる。そこで技術と文化は驚異的なほど関連しあっている。意識的な建築生産というものは、技術と文化のあいだのどこか、ほとんどの場合その両方が重なりあっているところに存在しているのだ。建築を発明することなんて不可能だ。それはごくまれに、再発明、再発見、あるいは再結合できるだけなのだろう。そしてすべての建築は、知識の蓄積である。ベルギーやオランダにおいて、僕たちの前の世代の建築家たちは、アイデアを蓄積することに興味を示さなかった。おそらくそれは、引用するという行為を、短い期間に建築の後天的な性癖に変えてしまった彼らの前の世代の建築家たちへの反発なのだろう。

　僕たちはそのどちらの世代の姿勢にも共感しない。ある時期には、寺院や劇場のような建物がつくられて、その後、整理整頓されたアイデアやダイアグラムの表現としての建築がつくられた。そのどちらにも、構造、文化、技術の存在が見受けられないのだ。もしかすると僕たちがそれらを復活させたら、建築はある種の凡庸さを獲得するかもしれない。構造、文化、技術に焦点を当てると、壮観さは最前列には現れてこない。建築が裕福さの誇示ではなく手段の経済性を表し、壮観さよりも首尾一貫性を示すとき、それは単に凡庸と呼ばれてしまうのだろうか？　僕たちはそうは思わない。

　手段の経済性は、演出(ミザンセーヌ)としてのみ存在する。プロジェクトをつくるには膨大なエネルギーを必要とし、それは簡単に模倣されて

しまうようなものではない。その隠された強度の中でのみ、見かけの凡庸さという雰囲気を纏うことができるのだ。

　つまり見かけの凡庸さとは、手段の経済性への関わり、シンプルな材料と明快な解決策の採用を意味している。建築をつくるプロセスは複雑で条件は曖昧なので、複雑さというものは常に存在している。この状況においては、素材の知性を強要しているのは建築生産の経済性、ということになる。さまざまな原則の系統(ファミリー)が、同時にプロジェクトに投入される。プロジェクトを設計しそれを詰めていくという作業は、本質的には僕たちの建築のある特定の要素がどの系統に属するかということを決定し、それを積み重ねていくことに等しい。単純なものを精巧に組み合わせていくことによってのみ、僕たちは複雑な建築をつくることができるのだ。（KG・DVS）

展覧会平面図

CCAにて開催された「ビサイズ、ヒストリー：長谷川豪、ケルステン・ゲールス、ダヴィッド・ファン・セーヴェレン」展の1:150の平面図

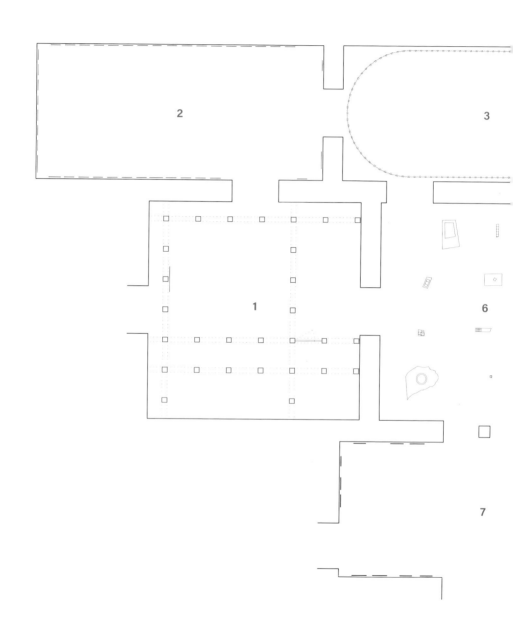

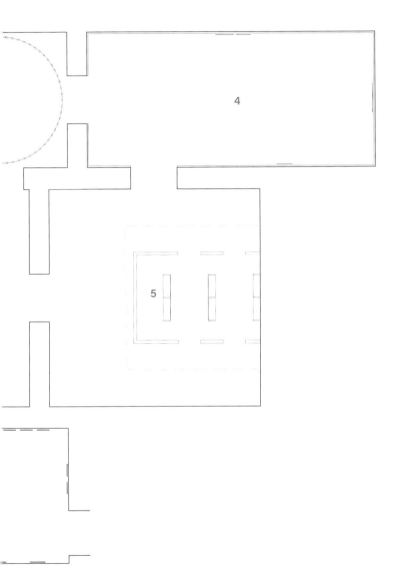

1.
見かけの凡庸さ
シティ・ヴィラ（ブリュッセル）の
原寸大模型
（オフィス ケルステン・ゲールス
ダヴィッド・ファン・セーヴェレン）

2.
境界線としての平面図
オフィス ケルステン・ゲールス
ダヴィッド・ファン・セーヴェレン
作図による、または
CCAコレクションの中から
選出された平面図

3.
部屋のある眺め
オフィス ケルステン・ゲールス
ダヴィッド・ファン・セーヴェレン
作図による、または
CCAコレクションの中から
選出された透視図

4.
集合論としての断面図
長谷川豪建築設計事務所
作図による、または
CCAコレクションの中から
選出された断面図

5.
見かけの凡庸さ
経堂の住宅（東京）の
原寸大模型
（長谷川豪建築設計事務所）

6.
共通の土台
長谷川豪建築設計事務所
制作による1:100の模型

7.
あなたの目を通して
ステファノ・グラツィアーニ
選出による写真

モントリオール、2017年5月
バス・プリンセン

B

A

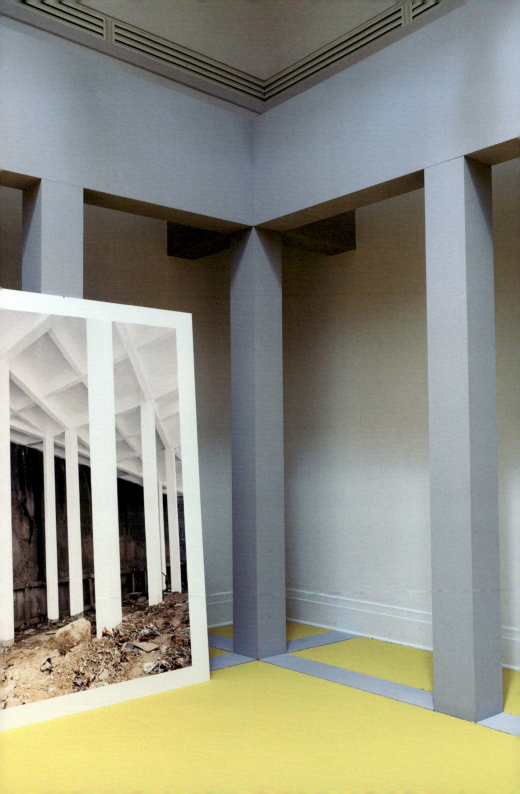

N

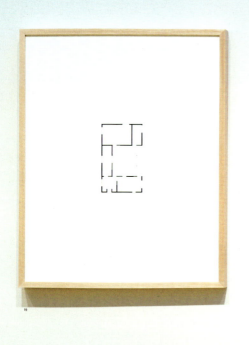
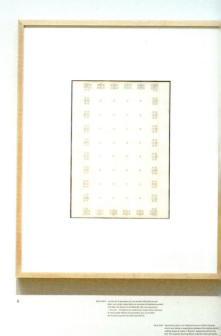

19

E

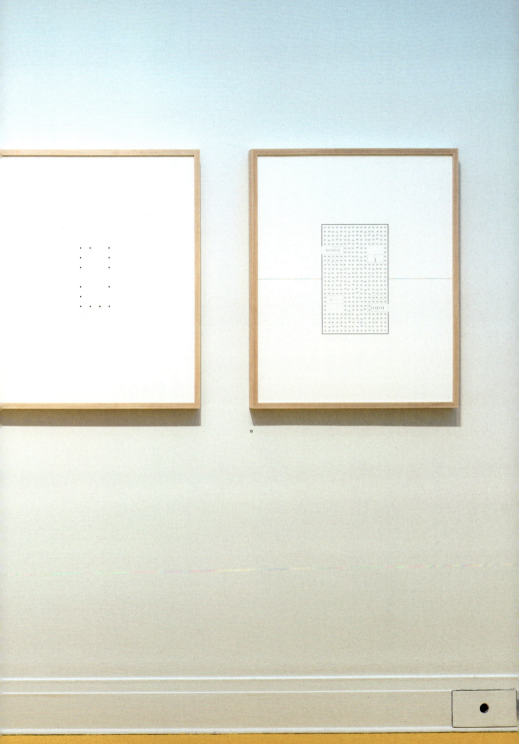

L

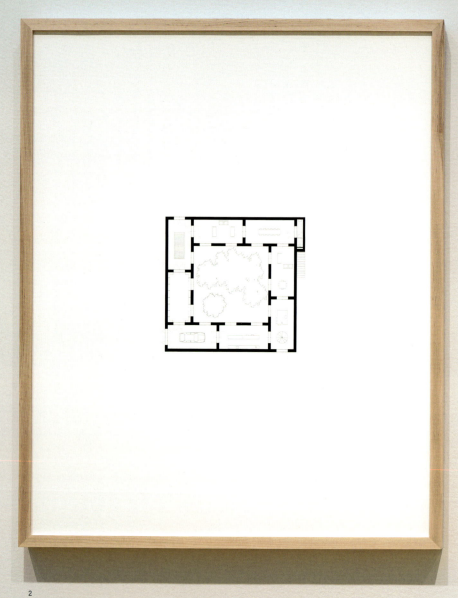

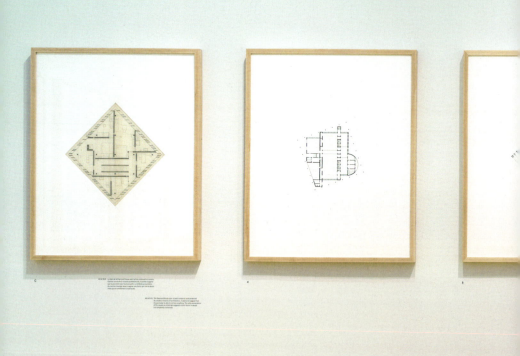

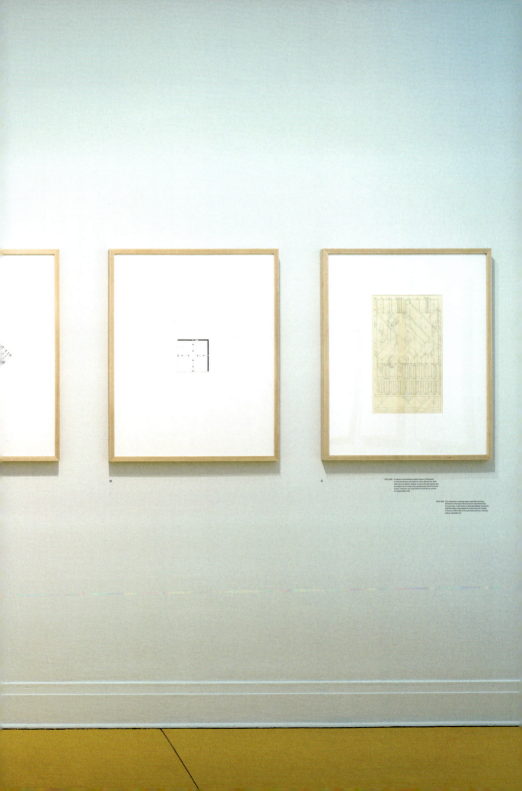

C

KG & DVS : Le plan de la Diamond House est à la fois contenant et contenu. Comme une boîte à miracles architecturale, il semble suggérer que le périmètre peut tout accueillir. La brillante présentation du carré en losange laisse imaginer une forme qui met en doute, mais qui est entièrement circonscrite.

KG & DVS: The Diamond House plan is both container and contained. As a *boîte à miracles* of architecture, it seems to suggest that the perimeter is able to contain anything. The witty presentation of the square as a lozenge suggests a form that is in doubt but completely contained.

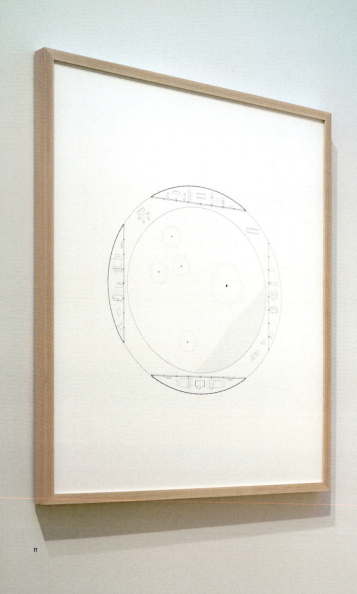

11

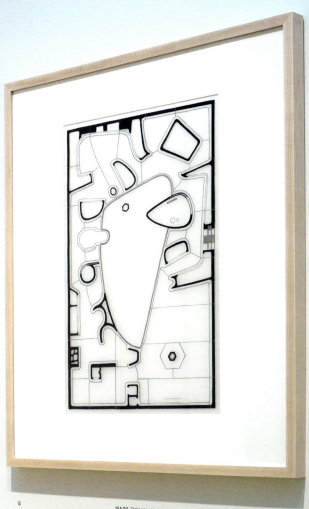

G

KG & DVS : Ce plan est aussi fondamental que déroutant. Le projet, conçu à partir de la notion de reproduction de masse, est reconnu dans l'histoire de l'architecture comme un prototype formaliste. Dans la logique de l'assemblage de la voiture et de la caravane, le périmètre extérieur est rectangulaire ; il simplifie l'installation d'un grand nombre d'éléments semblables, les uns à côté des autres. À l'intérieur tous les éléments sont déterminés, laissant présager des économies de coûts grâce à la multiplication. Sur de nombreux aspects, la maison anticipe nos propres plans : mi-carrée et mi-aléatoire, elle remet en question la relation entre l'architecture, le mur et le dispositif.

KG & DVS: This plan is as seminal as it is confusing. The project, developed around the idea of mass reproduction, is known in architectural history as a formalist prototype. In the logic of assembly of the car and the caravan, the outer perimeter is rectangular; it makes it easy to park many of the same elements, one next to the other. Inside, all the elements are particular, anticipating cost reduction through multiplication. In many respects the house anticipates our own plans: half square and half crazy, questioning the relationship between architecture, wall, and device.

C

KG & DVS : Ce dessin est à jamais associé au livre, mais n'est pas de la main de l'auteur (comme peut-être la couverture de David Hockney pour *Los Angeles: The Architecture of Four Ecologies*). Il suggère un possible dialogue entre les bâtiments, en tant qu'objets et sujets, et utilise l'ambiguïté de la représentation à son avantage. Les bâtiments comme personnages et la perspective comme scène, au-delà des tropes psychanalytiques évidents et trop souvent répétés – qu'est-ce que tout cela signifie? De toute façon, à quel niveau d'intimité doit prétendre un dialogue sur l'histoire?

KG & DVS: This drawing is forever connected to the book, but it is not by the book's author (perhaps like David Hockney's cover of *Los Angeles: The Architecture of Four Ecologies*). It suggests a possible dialogue between buildings as both objects and subjects, and it uses the ambiguity of depiction to its advantage. Buildings as characters and the perspective as scene, beyond the obvious and too-often repeated psychoanalytic tropes—what does all this mean? And besides, how intimate should a dialogue on history get?

 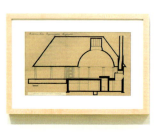

A B

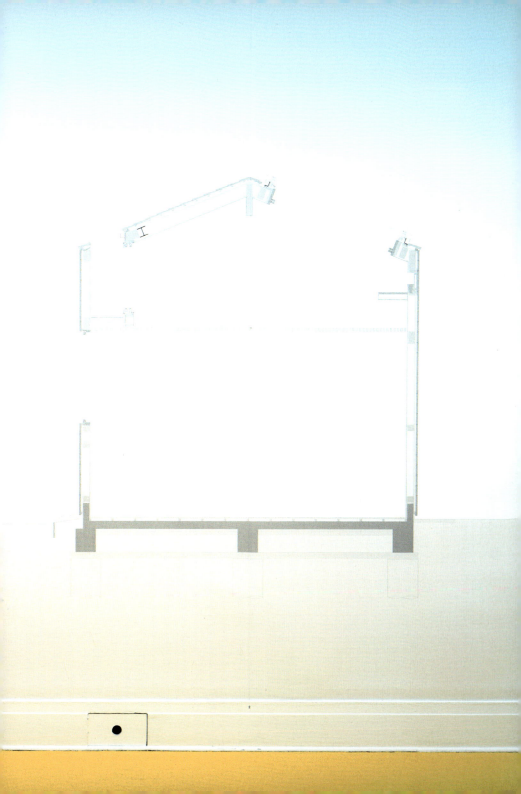

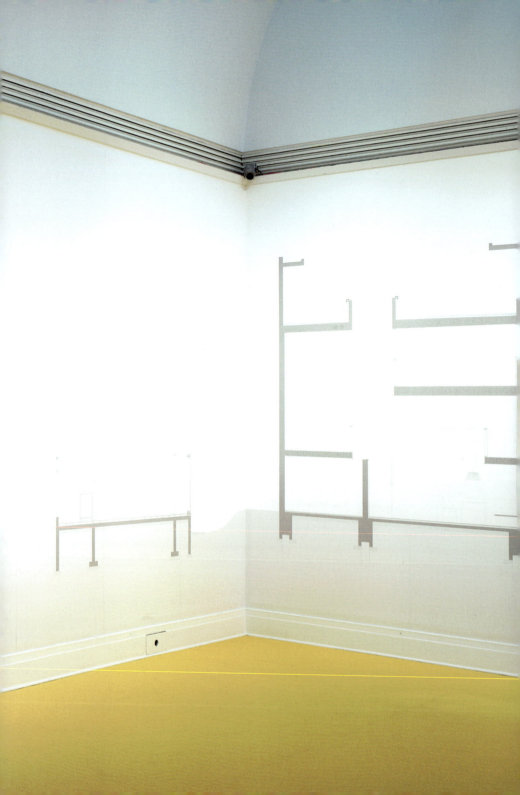

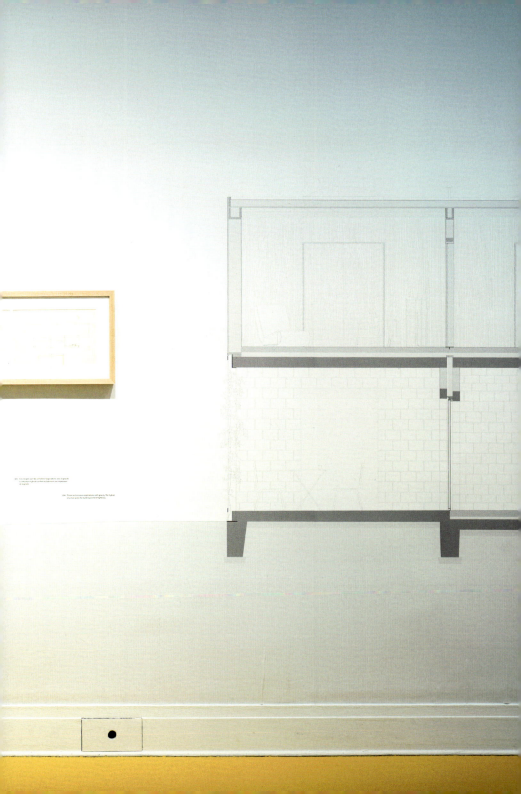

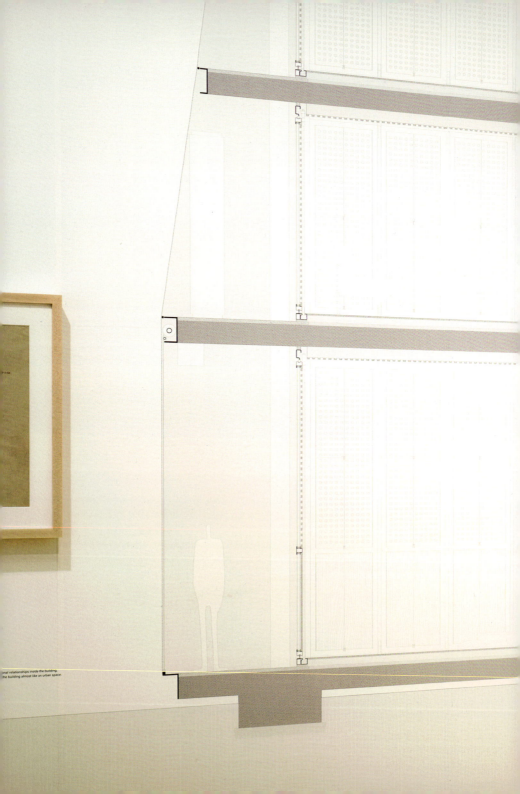

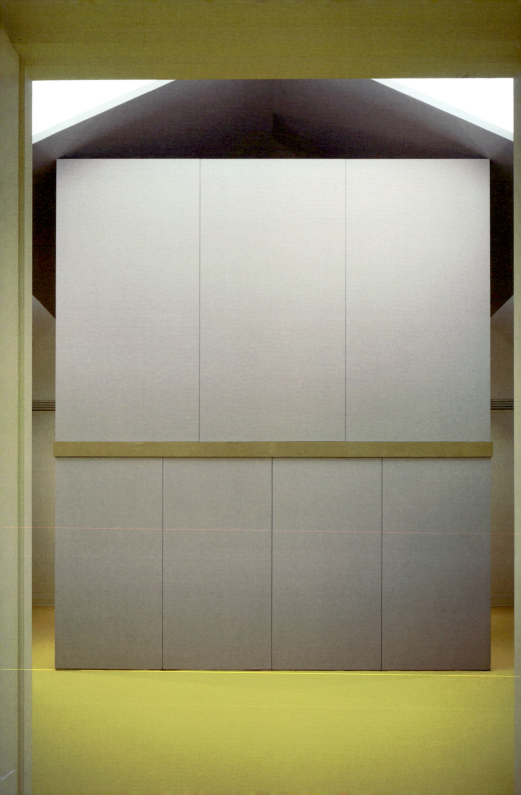

G

H

12

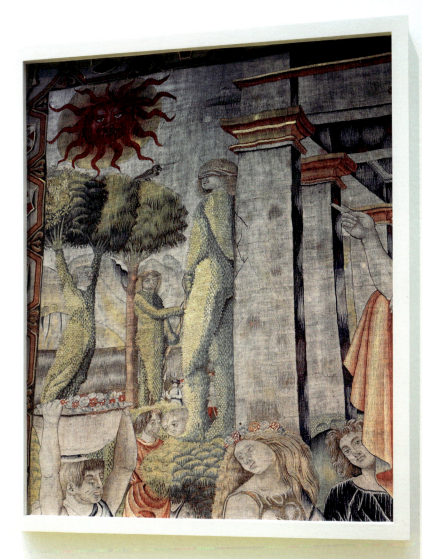

モントリオール、2017年5月　キャプション

89	展覧会場外	

90	オフィス ケルステン・ゲールス ダヴィッド・ファン・セーヴェレン　シティ・ヴィラ（ブリュッセル）　模型 1:1　2008-2012年
91	ステファノ・グラツィアーニ撮影　シティ・ヴィラ（ブリュッセル）　2013年　オフィス ケルステン・ゲールス ダヴィッド・ファン・セーヴェレン設計
92	ステファノ・グラツィアーニ撮影　ヴィラ・クーナー（オーストリア、バイエルバッハ）2013年　アドルフ・ロース設計
94-95	オフィス ケルステン・ゲールス ダヴィッド・ファン・セーヴェレン　シティ・ヴィラ（ブリュッセル）　模型 1:1　2008-2012年
96	オフィス ケルステン・ゲールス ダヴィッド・ファン・セーヴェレン　シティ・ヴィラ（ブリュッセル）　模型　1:1　2008-2012年
97	バス・プリンセン撮影　カペッラ・デル・ペルドーノ礼拝堂（イタリア、ウルビーノ）　2015年　ドナト・ブラマンテ設計
98	バス・プリンセン撮影　シティ・ヴィラ（ブリュッセル）2012年　オフィス ケルステン・ゲールス ダヴィッド・ファン・セーヴェレン設計
101	バス・プリンセン撮影　「グリッド II」、2009年
	オフィス ケルステン・ゲールス ダヴィッド・ファン・セーヴェレン　シティ・ヴィラ（ブリュッセル）　模型　1:1　2008-2012年
102	オフィス ケルステン・ゲールス ダヴィッド・ファン・セーヴェレン　シティ・ヴィラ（ブリュッセル）　模型　1:1　2008-2012年
103	ステファノ・グラツィアーニ撮影　石切場（イタリア、サレーゴ、メレド）2015年
104-105	（左から右へ）
	長谷川豪建築設計事務所　森のなかの住宅（長野）　平面図　1:50　2005-2006年
	アンドレア・パラーディオ設計、アントニオ・ヴィセンティーニ（製図技師）　バシリカ（ヴィチェンツァ）　平面図　1750年頃
	オフィス ケルステン・ゲールス ダヴィッド・ファン・セーヴェレン　伝統音楽センター（バーレーン、ムハッラク）　平面図　1:50　2012-2016年
	オフィス ケルステン・ゲールス ダヴィッド・ファン・セーヴェレン　ボーダー・ガーデン（メキシコ、シウダー・フアレス／アメリカ、エル・パソ）　平面図　1:500　2005年
106	ステファノ・グラツィアーニ撮影　ロッカ・ピサーナ（イタリア、ロニーゴ）　2015年　ヴィンチェンツォ・スカモッツィ設計
108-109	（左から右へ）
	オフィス ケルステン・ゲールス ダヴィッド・ファン・セーヴェレン　25の部屋（中国、オルドス）　平面図　1:100　2008-2009年
	長谷川豪建築設計事務所　桜台の住宅（三重）　平面図　1:50　2005-2006年

110-111	（左から右へ）
	ジョン・ヘイダック　ダイヤモンド・ハウスA　平面図　1963年頃
	オフィス ケルステン・ゲールス ダヴィッド・ファン・セーヴェレン　火葬場（ベルギー、オーステンデ）　平面図　1:200　2014年
	オフィス ケルステン・ゲールス ダヴィッド・ファン・セーヴェレン　アルヴォ・ペルト・センター（エストニア、ラウルスマ）　平面図　1:200　2014年
	長谷川豪建築設計事務所　横浜の住宅　平面図　1:50　2014-2015年
	ジョン・ヘイダック　ダイヤモンド・ハウスA　アクソノメトリック　1963年頃
113	ジョン・ヘイダック　ダイヤモンド・ハウスA　平面図　1963年頃
114-115	（左から右へ）
	オフィス ケルステン・ゲールス ダヴィッド・ファン・セーヴェレン　ソロ・ハウス（スペイン、マタラーニャ）　平面図　1:100　2012-2017年
	アリソン&ピーター・スミッソン　未来の家　平面図　1955年頃
116-117	長谷川豪建築設計事務所設計　森のピロティ（群馬）　透視図　2009-2010年
118	オフィス ケルステン・ゲールス ダヴィッド・ファン・セーヴェレン　伝統音楽センター（バーレーン、ムハッラク）　透視図　2012-2016年
119	マドロン・ヴリーゼンドープ　「無限のフロイト」　1976年
120	長谷川豪建築設計事務所設計　森のピロティ（群馬）　透視図　2009-2010年
122	バス・プリンセン撮影　伝統音楽センター（バーレーン、ムハッラク）　2016年　オフィス ケルステン・ゲールス ダヴィッド・ファン・セーヴェレン設計
123	オフィス ケルステン・ゲールス ダヴィッド・ファン・セーヴェレン　伝統音楽センター（バーレーン、ムハッラク）　透視図　2012-2016年
124-125	オフィス ケルステン・ゲールス ダヴィッド・ファン・セーヴェレン　伝統音楽センター（バーレーン、ムハッラク）　透視図　2012-2016年
126	長谷川豪建築設計事務所設計　森のピロティ（群馬）　透視図　2009-2010年
127	フェリーチェ・ベアト撮影　眠る犬のいるティーハウスと庭園　1867-1868年頃　『Views and Costumes of Japan』、Stillfried & Anderson出版、横浜、1877年頃より
128-129	（左から右へ）
	オフィス ケルステン・ゲールス ダヴィッド・ファン・セーヴェレン　ウィークエンド・ハウス（ベルギー、メルセム）　断面図　1:5　2009-2012年

	長谷川豪建築設計事務所　経堂の住宅（東京）　断面図　1:5 2010-2011年
130-131	（左から右へ） 坂本一成　南湖の家（神奈川）　断面図　1978年 エリック・グンナール・アスプルンド　森の礼拝堂、森の墓地 （ストックホルム）　断面図　1921年 長谷川豪建築設計事務所　駒沢の住宅（東京）　断面図　1:5 2010-2011年
132	（左から右へ） 長谷川豪建築設計事務所　森のなかの住宅（長野）　断面図　1:5 2005-2006年 長谷川豪建築設計事務所　浅草の町家（東京）　断面図　1:5 2009-2010年
134-135	（左から右へ） 長谷川豪建築設計事務所　森のピロティ（群馬）　断面図　1:5 2009-2010年 ミース・ファン・デル・ローエ　イリノイ工科大学金属工学科校舎 （シカゴ）　断面図　1945年頃 オフィス ケルステン・ゲールス ダヴィッド・ファン・セーヴェレン ヴィラ（ベルギー、ブッヘンハウト）　断面図　1:5　2007-2012年
136	（左から右へ） ル・コルビュジエ、バルクリシュナ・V・ドーシ（製図技師） チマンバイ邸（アーメダバード）　断面図　1954年　ジアゾ式複写、 グラファイト鉛筆、107.3 × 41.9 cm　CCA所蔵 DR1990:0019:011 オフィス ケルステン・ゲールス ダヴィッド・ファン・セーヴェレン 伝統音楽センター（バーレーン、ムハッラク）　断面図　1:5 2012-2016年
138-139	（左から右へ） オフィス ケルステン・ゲールス ダヴィッド・ファン・セーヴェレン ウィークエンド・ハウス（ベルギー、メルシュテム）　断面図　1:5 2009-2012年 長谷川豪建築設計事務所　経堂の住宅（東京）　断面図　1:5 2010-2011年
140	長谷川豪建築設計事務所　経堂の住宅（東京）　模型　1:1 2010-2011年
141	ステファノ・グラツィアーニ撮影　経堂の住宅（東京）　2017年 長谷川豪建築設計事務所設計
143	ステファノ・グラツィアーニ撮影　経堂の住宅（東京）　2017年 長谷川豪建築設計事務所設計
144-145	長谷川豪建築設計事務所　経堂の住宅（東京）　模型　1:1 2010-2011年
147	長谷川豪建築設計事務所　経堂の住宅（東京）　模型　1:1 2010-2011年
148	バス・プリンセン撮影　レスター大学工学部校舎 2009年　ジェームズ・スターリング、ジェームズ・ゴーワン設計
149	長谷川豪建築設計事務所　経堂の住宅（東京）　模型　1:1 2010-2011年
150	オフィス ケルステン・ゲールス ダヴィッド・ファン・セーヴェレン ソロ・ハウス（スペイン、マタラーニャ）　模型　1:100 2012-2017年
152	オフィス ケルステン・ゲールス ダヴィッド・ファン・セーヴェレン 伝統音楽センター（バーレーン、ムハッラク）　模型　1:100 2012-2016年
153	ステファノ・グラツィアーニ撮影　ホテル・イル・パラッツォ（福岡） 2017年　アルド・ロッシ設計
155	（左から右へ） 長谷川豪建築設計事務所　経堂の住宅（東京）　模型　1:100 2010-2011年 長谷川豪建築設計事務所　経堂の住宅（東京）　模型　1:1 2010-2011年 長谷川豪建築設計事務所　上尾の長屋（埼玉）　模型　1:100 2013-2014年
156	ホンマタカシ撮影　作品集『Tokyo and My Daughter』 1999-2011年より
158	長谷川豪建築設計事務所　経堂の住宅（東京）　模型　1:100 2010-2011年
161	ステファノ・グラツィアーニ撮影　ヴィラ・ヴァルマラーナ（イタリア、 モンティチェッロ・コンテ・オット、ヴィガルドロ）　2015年 アンドレア・パラーディオ設計
162	ホンマタカシ撮影　作品集『Tokyo and My Daughter』 1999-2011年より
165	（左から右へ） バス・プリンセン撮影　レスター大学工学部校舎（レスター） 2009年　ジェームズ・スターリング、ジェームズ・ゴーワン設計 バス・プリンセン撮影　カペッラ・デル・ペルドーノ礼拝堂（イタリア、 ウルビーノ）　2015年　ドナト・ブラマンテ設計
166	（左から右へ） リチャード・ベア撮影　ハウス イン ヨコハマ　1993年　篠原一男設計 ステファノ・グラツィアーニ撮影　シティ・ヴィラ（ブリュッセル） 2013年　オフィス ケルステン・ゲールス ダヴィッド・ファン・ セーヴェレン設計
169	バス・プリンセン撮影　タペストリー（ブラマンティーノにならって） 2015年

作品12題

以降の模型は、すべて長谷川豪建築設計事務所によって作成されたものである。

長谷川豪建築設計事務所
桜台の住宅（三重）
模型　1:100
2005-2006年

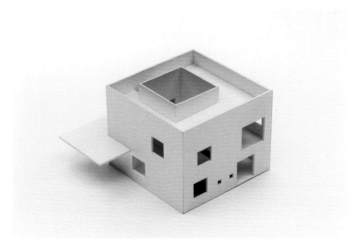

「桜台の住宅」は地方の住宅地に建つ木造2階建ての住宅。建主は小学校の教師で、教材の準備ができる広いワークスペースと、いつも家族の気配が感じられる住宅が求められた。敷地のほぼ中央に正方形プランの建物を配置して、その外周に庭をつくる。1階を個室と水回り、2階をリビングダイニングにして、さらに建物の真ん中に全面トップライトをもつ吹抜けの部屋をつくり、その部屋いっぱいに大きなテーブルを設ける。テーブルの隅の椅子に座ると、下半身は小さな個室に、上半身は屋外のような吹抜け空間にいることが感じられ、2つの空間のスケールが1つの身体に重なる。光が溢れる吹抜けは、個室と個室、1階と2階をつなぐもう1つのリビングとして、家族の生活と外部の環境を柔らかくつなげている。（GH）

「森のピロティ」は深い森の中に建つ2階建ての
週末住宅。コンパクトな室内空間とバーベキュー
が楽しめる半屋外空間などが求められた。
木々が鬱蒼と生い茂る地上レベルは暗くて
湿気が多く、その環境の中でどのような
住空間が可能か検討した。既存の樹木をできる
かぎりそのまま残し、下階は高木の幹を
眺めて過ごす、鉄骨ブレース造のピロティ空間
とした。コンクリートの土間に大きなベンチと
テーブルを置いて、鉄骨柱のあいだに
ハンモックを吊るす。上階はピロティに
よって6.5m持ち上げられ、構造は在来木造。
梁下の高さが低いところで1.9mの屋根裏の
ような居室空間である。ダイニングテーブルや
椅子などの家具を通常より低くしつらえ、
部屋のスケールをひと回り小さくすることで、
外の森の環境がより大きく近くに感じられる。
浅間山に向けられた大窓とテーブル下に
設けられたガラス床を介して、自分がいる
場所の景色や高さを楽しむことができる。
日中は下階のピロティで森に囲まれてのんびり
寛ぎ、日が暮れたら上階に移動して木の傍で

長谷川豪建築設計事務所
森のピロティ（群馬）
模型　1:100
2009-2010年

眠る。自然にも人間にも属さないこの巨大な
ピロティが、両者のさまざまな関わり合いを
提供することを期待した。(GH)

「駒沢の住宅」は都内の住宅地に建つ住宅。
東側は道路を挟んで大きな梅林に面している。
切妻屋根の木造2階建てという馴染みのある
形式を採用しながら、上下階の関係を
再構成している。土間のような1階は階高を
高くし、大窓によって梅林への眺望を確保した
開放的なスペースとし、石張りの床の上に
家具や植物を自由に並べる。2階は屋根勾配が
室内に現れた小屋裏のような空間とする。

長谷川豪建築設計事務所
駒沢の住宅（東京）
模型　1:100
2010-2011年

棟梁から吊られた鉄骨梁の上に2×3材
(ツーバイスリー)
(38×64mm)の小梁を30mmの隙間を

あけて並べて床を構成し、その半分は合板を
張って寝室や水回りに、もう半分はルーバー状
の床の書斎にしている。1階の大窓と2階の
トップライトをこのルーバー状の床がつなぎ、
1階にいても空が、2階からも床を介して斜め
下方向に街が見える。1階にとっては頭上に
明るさや広がりを、2階にとっては足元に
公共的な雰囲気をといったように、それぞれが
お互いの環境を求め合う、2階建ての新たな
経験を目指した。(GH)

「経堂の住宅」は閑静な住宅地に建つ
編集者夫婦のための木造2階建ての小住宅。
蔵書がとても多いので、1階は本棚を並べて、
いわば「本の家」にする。本棚の隙間に
住人が棲みつくように、浴室、洗面、玄関、
書斎、寝室、クローゼットを挿入する。1.8mの
低い天井高が身体と本の親密な関係をつくり
出す。2階はリビングとテラスだけの広々と
した空間になっており、鉄板のサンドイッチ
パネルでつくった総厚60mmの薄い屋根が
そっとかかる。隣家の庭の緑や光が、鉄板の
天井面に柔らかく反射して室内に導かれる。
こうした映り込みによって頭上の鉄板の
存在感はほとんど消失し、2階はまるで
屋上のような開放感がある空間になる。壁は
内外ともに繊維強化セメント板で構成され、
1階は3×6板(910×1820mm)、2階は
4×8板(1220×2440mm)の規格寸法を

作品12題

長谷川豪建築設計事務所
経堂の住宅（東京）
模型　1:100
2010-2011年

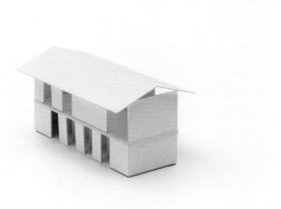

使用している。好きな本に囲まれた親密な巣穴の
ような1階と、屋上のように開かれた2階という、
強く対比付けられた空間を行き来しながら
2人は生活する。（GH）

「御徒町のアパートメント」は東京都心の
賑やかなエリアに建つRC造の集合住宅。
この土地に長年暮らしてきたクライアントから
は、周囲の喧噪から程よく守られた住環境を
つくることが求められた。一般的な階高に
すると8層になるボリュームに対し、階高を
2.6mに抑えると10層入れることができる。
容積が過剰になるため、各階の2住戸を
界壁ではなく幅80cmの隙間によって分節し
平面形を変化させながら積層させて
ポーラス状の立体をつくる。隙間はテラスや

ポーチとして各住戸に使われつつも、10層
吹抜けによって立体的につながり全住戸で
共有される。この「積層した隙間」に向けて
各住戸に注意深く窓や天窓を穿ち、建物全体を
縦横に串刺しにする視線の抜けをつくる
ことで、たとえば2階住戸の天窓から吹抜けを
介して空が見えたり、西側の住戸から隙間を
介して東の空に打ち上がる花火が見えたりと、

長谷川豪建築設計事務所
御徒町のアパートメント（東京）
模型　1:100
2012-2014年

各住戸は戸建住宅のような独立性を保ちながら
さまざまな方向に外部環境とのつながりを
もつ。全体から切り出された部分としての
個ではなく、個が思い思いに街にいるような
集合のあり方を目指した。(GH)

「上尾の長屋」は東京郊外の住宅地に建つ
木造2階建ての二世帯住宅。周りを見ると
どの窓もカーテンが閉めきられていて、比較的
余裕がある敷地にもかかわらず窮屈な印象
だった。そこで建物を敷地中央に置いて
外周に同じ幅の庭をつくり、深い軒を出す。
開口部は扉も窓も両開きにして、2m角の大きな
木サッシを12個、各立面にシンメトリーに
配置し、さらに両開きの左右の窓をそれぞれ
母世帯と息子世帯、寝室と浴室など異なる
部屋を跨ぐように配置した。また建物中央に
緩やかな勾配の階段室を挿入し、その上下に
生じる2つの三角形断面の空間（母世帯は上に、
息子世帯は下に凸の三角形となる）を浴室と
する。また居室はこの階段室のボリュームに
よって立体的に仕切られたワンルームと
なる。窓、軒下空間、階段室といった建築の
エレメントを通常のスケールより大きく用い、
二世帯のあいだあるいは部屋と部屋の
あいだで共有させることで、一見すると明快な
外観ながらも、どの窓が何の部屋なのか、
二世帯住宅かどうかさえもはっきりとしない

長谷川豪建築設計事務所
上尾の長屋（埼玉）
模型　1:100
2013-2014年

現れになる。このように自律的で、おおらかで、
曖昧でもあるという矛盾を抱え込んだ建ち方を
通して、郊外住宅のリアリティに応えようとした。
（GH）

「ヴィラ」はベルギーのブッヘンハウト村近く、
森と畑のあいだに位置する土地の只中に
建つ戸建住宅。敷地を取り囲む既成品の
鉄製フェンスは設計の重要な要素のひとつと
してこの住宅のボリュームを定義している。
その囲いの外側、手入れされていない庭は車の
アクセスとして使われる。住居自体は2階建て
で、1階の開かれた「外の家」と、2階の森と
自然の景色を眺める閉じた「内の家」から
構成される。外の家は、庭のあるパティオの
ヴィラであり、白く塗られた標準レンガで

作品12題

オフィス ケルステン・ゲールス・
ダヴィッド・ファン・セーヴェレン
ヴィラ（ベルギー、ブッヘンハウ）
模型　1:100
2007–2012年

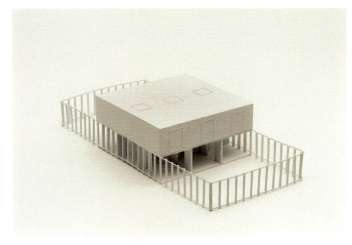

つくられた厚い2枚の構造壁が、内の家の
床となるコンクリートのプラットフォームを支えて
いる。内の家には、パティオのヴィラの屋根と
同じ深さの部屋がコンパクトに集まっている。
それはプラットフォーム全体を覆う木の箱として
置かれ、暗色の防水用プラスチック皮膜で覆われて
いる。このプロジェクトにおいて、すべての
ディテールは内側から外側へ向けて設計されて
いる。巨大な引き窓は、内から枠が見えない
よう、そして印象的な風景を邪魔しないように
外側からファサードに取り付けられている。
窓は自然の風景に向けて開放され、その一方で
近隣の家屋は視界の外に隠される。フェンスを
意図的に敷地境界線よりも内側に移動させた
ことで、区画整理されたベルギーにおいては
珍しく、贅沢とでもいうべき、独立した
戸建ての住宅という形式が可能になった。
(KG・DVS)

「ウィークエンド・ハウス」はフランダースの
小さな町にある、奥に深い敷地いっぱいに
建てられた週末住宅。既存の長屋の細長い
裏庭を立派な週末住宅へと変容させ、
既存の建物をゲストハウスとして使うことで
敷地の長さすべてを住宅とする。その
新しい家には、異なる中身を備えた4つの

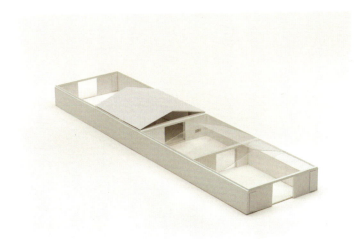

オフィス ケルステン・ゲールス
ダヴィッド・ファン・セーヴェレン
ウィークエンド・ハウス
(ベルギー、メルシュテム)
模型 1:100
2009-2012年

類似した部屋が、透視画法的に配列される。
そしてその連続は、庭、プールハウス、中庭、
リビングルームといった異なる特徴をもつ
空間を構成する。壁の中央に穿たれた
開口部は視線をまっすぐ奥まで突き抜けさせ、
スライド可能なガラス屋根が柔軟な部屋の
使い方を可能にする。各部屋は家具によって
性格付けられ、総体として重なり合った
小宇宙の集合体を形成する。レンガの壁は
二重にし、その隙間に引き戸、二重扉、
暖炉などの補助機能を設置する。スライドする
ガラス屋根のレールのデザインを踏襲した
スチール製のコーニスは、建物の外周を明確に
縁取っている。そしてこの住宅の核と

なるのは中央に位置する2つの部屋である。ひとつは固定屋根の部屋で、空間を居住可能にするための2つの木製のエレメントが置かれている。もうひとつは可動屋根の付いた熱帯温室で、浴室とスイミングプールに充てられている。この2つの部屋の両側はガーデン・ルームが位置する。リビングの最も近くにはシンプルな緑地の風景、温室とゲストハウスのあいだには舗装された中庭がある。夏になると、可動屋根が中庭の上を移動して4つの連続した部屋を完全な1つの住居に変え、日常のコンテクストや現実の感覚から切り離された蜃気楼のような週末住宅が現れる。各部屋に置かれた固定の要素(エレメント)は構成のアクターであり、居住者や家具と同居するために注意深くデザインされた。
(KG・DVS)

「シティ・ヴィラ」はブリュッセルのとある緑豊かな地に建つ、住宅の増築プロジェクト。この建物は、似たような豪奢な戸建て住宅が並ぶ通りに、エレガントながらも控えめに建っていた。それは魅力的なフィクションの一部であるように思われたので、その印象を損なわずにそのまま生かすことに決め、家の面積を倍増しつつその佇まいを強調することにした。
　もともと通りと庭のあいだには段差があったので、新たな居住空間を既存の家の下に滑り込ませて、既存の建物を上に載せる

オフィス ケルステン・ゲールス
ダヴィッド・ファン・セーヴェレン
シティ・ヴィラ（ブリュッセル）
模型　1:100
2008-2012年

ための簡素でシステマティックな台座をつくる。
その台座は柱と梁の境界で仕切られる
ひと続きの部屋として発展していった。柱は
コンクリートまたは木製で、コンクリートの柱は、
既存の建物と屋根を支える。木製の柱には
スチールの芯が入っており、こちらは窓枠として
使用される。その木製の柱は灰色に塗装されて
いるので、一見、2種類の柱の違いを見極めるのは
困難である。それらの柱のグリッドによって
つくられた部屋は、外部にも内部にも充てられて
いる。ある部屋は鉄製の食器棚で埋め尽くされ、
別の部屋は大理石が張られ別の用途（ガレージ）に
使用される。各部屋の仕上げが隣接する部屋に
影響を与えることで、空間の断絶感を効果的に
消し去っている。床は着色コンクリート、
テラゾ、革といった素材で覆われている。
　新しい家である台座は地中に埋められて
いるために大きさが不明瞭だ。そして
その連続した空間は昼の家となる。それに
対応する夜の家はベッドルームの入れ物（コンテナ）として、
シュールレアリスティックな幻覚を見せる。
（KG・DVS）

「ドライング・ホール」はブラバントの大きな林業インフラの一部を占める。この工業用建物は、いろいろな大きさの鉢植え植物を育てる栽培地の中央に位置している。その空間の主な用途は、鉢植えの植物をその出荷前の24時間にわたり乾燥させることである。この建築は最も極端にして単純なビッグ・ボックスの化身である。外観からその機能をうかがい知ることができるようなものを

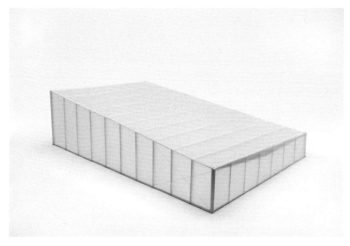

オフィス ケルステン・ゲールス
ダヴィッド・ファン・セーヴェレン
ドライング・ホール
(ベルギー、フルスハウト)
模型 1:100
2008-2012年

すべて剥ぎ取られた、正真正銘の中身(コンテント)のない建物。植物を乾燥させるプロセスは、換気だけでなく雨からの保護を必要とするため、建物は隙間の開いた外壁と閉じた屋根として設計されている。その隙間によって内部の植物のシルエットを垣間見せるものの、建物自身はまるでそこに存在しないかのように、あるいは地に着かず宙に浮かんでいるかのように見える。そして2つの直角三角形を合わせただけの単純な幾何学形態が、この建物に視点によって異なる様相を与えている。ある地点からは箱のように、別の地点からは

穴の開いた面のように見えるのだ。この
シンプルだが巨大な構造物の内装は、白色に
塗装された集成材の梁とスチールの柱で
構成され、空間の現れ方を規定するように
リズミカルに配置されている。(KG・DVS)

「伝統音楽センター」ダル・アル・ジーナと
ダル・アル・リファは、バーレーンの
ムハッラクにある、都市再生プロジェクトの
一角に建つ2つの類似した建物である。この
プロジェクトは、優れた音楽と伝統を誇る
古代の真珠採りたちの共同体の文化を広く
伝えることを意図してつくられた。それぞれの
建物は、既存のダル(家)の改装と新しい
マージリス(ゲストを招く部屋)という2つの
空間で構成される。マージリスは伝統音楽を

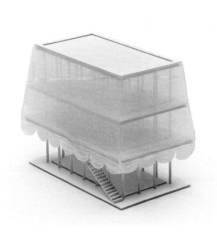

オフィス ケルステン・ゲールス
ダヴィッド・ファン・セーヴェレン
伝統音楽センター
(バーレーン、ムハッラク)
模型 1:100
2012-2016年

奏でるための公共的な空間として使用される。
　どちらの建物もコンクリートの円柱と
プラットフォームという単純な構造である。
折り畳みガラスのファサードに取り付けられた
有孔の木製シャッターは、プラットフォーム上に
親密な室内空間をつくり出す。外部プラットフォーム
上に置かれた階段や洗面所、および設備的要素は、
この単純な構造体に機能を与えるための家具の
役割を果たす。そして建物全体をシームレスに
覆うスチールメッシュが、この建物を厳しい
砂漠の太陽から保護し、ムハッラクの密集した
都市の迷路の中に突如現れたヴェールを被った
謎めいた物体へと変容させている。そして
この建物が使用されているときには、その
ヴェールはまくり上げられ、道行く人も内部の
パフォーマンスを垣間見ることができる。
（KG・DVS）

バルセロナから車で南へ2時間の距離にある
マタラーニャに広大で手付かずの山岳地帯があり、
「ソロ・ハウス」はその絶景を見おろす高台に
建つ。その風景があまりにも印象的なため、
建築はほとんど姿を消し、ただ周囲の自然の
美しさを引き立てるためだけに設計された。
　直径45m大の単純なリング状の屋根が、
高台の地形、平坦さと縁の両方を強調する。
屋根の下は避難所となり、居住空間の境界線を
形成する。その円弧を切断するように
重ねられた正方形の四辺上の8本ずつの列柱が

オフィス ケルステン・ゲールス
ダヴィッド・ファン・セーヴェレン
ソロ・ハウス
(スペイン、マタラーニャ)
模型 1:100
2012-2017年

屋根を支える。そして切り出された4つの領域だけが室内空間となり、それぞれ自由な開閉が可能だ。ファサードは外周に吊り下げられた巨大なカーテンで、居住空間を完全に開放することにより、住人と周囲の自然を最大限につなげることができる。

　敷地には都市インフラが接続されておらず、この住宅は完全に自立している。太陽電池パネルが熱と電気を供給し、温水はバッファータンクに貯蔵される。水は現地調達で、使用後には浄化される。この建築が自給自足であることを可能にするためのすべてのこうした装置は、抽象的なオブジェとして屋根の上に置かれている。
(KG・DVS)

対話：ビサイズ、ヒストリー

ジョヴァンナ・ボラーシ、ケルステン・ゲールス、長谷川豪、
ダヴィッド・ファン・セーヴェレン

GB：
(ジョヴァンナ・ボラーシ)

「あなたにとっての歴史とは何か」という問いからこの
プロジェクトは始まりました。歴史はあなた方の仕事において
何らかの役割を担っていると思いますか？　そしてもしそうなら、
それはどんなものでしょう？
　　CCAがそこに興味をもつ理由は、この機関自体が、過去の
アイデアや建築の研究が新たな現実の刺激につながるという
信念をもとに設立されていることにあります。ここで私たちは、
あなた方が行う現代建築の設計行為と、過去の建築とのあいだの
関係性を理解したいのです。はじめに、私はあなた方が賛同、
あるいは挑戦と感じてもらえるようないくつかの仮説を
提案したいと思います。まずは「私たちは、歴史を通して、分類し、
時代を定義し、人物を強調し、参考となる可能性をもった
重要な建物を見出します」。どうでしょうか。

KG：
(ケルステン・ゲールス)

最初に確認したいのですが、ダヴィッドと僕は、それが
歴史的なものであれ現代的なものであれ、作品を見ることには
興味がありますが、それらをコピーしたいとは思って
いません。同じくゴウも、坂本一成や塚本由晴から影響を
受けてはいても、それは直接的なデザインではなく彼らの
姿勢からという面が強いでしょう。僕たちはヨーロッパの
建築家なので、ルネッサンスに興味があっても驚かれません。
それは文化の一部です。ルネッサンスの曖昧さや、未解決な
考え方は重要な参照源(レファレンス)なのです。あの時期の表現には、
ナイーヴな流用や明快さの欠如などが、明確な意図をもって
見えます。そしてその後現れる、過去に対して同じような
曖昧さを抱えていた建築家たちも僕たちにとって
重要です。ミース、アドルフ・ロース、アルド・ロッシ、
ハンス・ホラインはそのような意味で、「ルネッサンスの伝統」
の一部なのです。手法は違っても、彼らは皆ルネッサンスの
原則、その流用、アイデアの模倣(エミュレーション)に取り組んでいました。

ビサイズ、ヒストリー

ゴウ、あなたはメンドリジオ建築アカデミーで教鞭を執っていたときにアルド・ロッシについて研究していましたが、どの作品が重要だったのですか。

GH：
(長谷川豪)
ケルステンとダヴィッドがヨーロッパの文化に影響を受けているように僕は日本の文化や伝統に影響されています。頻繁に海外に出かけますし、特にヨーロッパはとても好きですが、日本とはまったく違うので、1週間以上滞在するときにはすこし息が詰まりそうになることがあります。僕の自宅はコンクリート造の集合住宅ですが、それでもスケールやプロポーション、構成素材、そしてそれが東京の都市構造の中にあるという事実が、ある日本的な質をつくり出しています。とりわけ居住空間は、その国の伝統や文化に根差しているという意味で、歴史に深く関係しています。それが僕にとって重要なのです。ところでジョヴァンナの質問には、「ひとつの特定の作品を選ぶことはできない」と答えることになるでしょう。僕はパラーディオやロッシの作品と同様に、日本の地方の民家も好きです。建築家が設計した建物と建築家なしの建築は、歴史の中で等しく重要な意味をもっていると思っています。

DVS：
(ダヴィッド・ファン・セーヴェレン)
それこそが、「歴史」という言葉の意味を掴むのが難しい理由です。それは単なる建築の伝統なのか、素材や工法の伝統なのか、それとも歴史における有名建築家（ビッグ・ネーム）についてのことなのか。

KG：僕たちは決して「ブラマンテやパラーディオのような建物をつくろう」などとはいいません。特定の建物が影響を及ぼすのは、僕たちがそこに何かを見ているからです。僕たちは作品の事例について話し合いますし、しばしば建物の角（コーナー）についてなど、設計中の建物における具体的な解決策を求めることもありますが、それらの事例と僕たちの作品が一対一対応することはありません。僕たちは興味を蓄積させて、

歴史をある程度有効に活用しようとしているのです。もし、
歴史が役に立たないものならば、そんなものは必要は
ありません。ここではあえて話を単純化していいますが、
建築の様式や原則といった歴史的なテーマも、今の僕たちに
とって有効だからこそ存在しているので、役に立たなく
なったら無視されていくでしょう。僕たちの仕事は本質的に、
建築についての文化的な議論の一部を形成しています。
歴史は、いうなれば作品に根拠(ルーツ)を与えるのです。

    DVS: 僕たちにとっての歴史観というのは、2つの物語の交差点の
       ようなものです。ひとつの物語はアバロス＆エレロス、
       ベルギー、ヨーロッパ、アメリカ、ある種の技術的な
       アイデアなど、すでにもっていて避けることのできない
       背景的要因。それらから目をそらすことはできても、
       基本的にはそれらとともに生きていかなければならない、
       そういう類のものです。そしてもうひとつは、日々訪れたり、
       偶然見付けたりしたこと、iPhoneで撮った写真などの中から
       自分にとって意味のあることを紡ぎだしていくものです。

KG: このプロジェクトを自分たちが興味のある歴史的な
   参考事例をリストアップすることから始めました。
   ローマ建築、ヴェンチューリの「複雑な全体」、ブラマンテ、
   ローマ教皇ユリウス2世、ポップ、ブルーノ・タウトの旅行記、
   アルド・ロッシの「都市的事実」、空似言葉、部屋、コロネード、
   そして遠近法など。しかしそれらを分類するのは困難でした。
   考えてもみてください。マット・マリカンのMITのプロジェクト、
   スーパー・ボックス、サンタ・マリア・デッラ・パーチェ教会、
   アドルフ・ロースとゼツェッシオンを等価に扱って分類する
   ことなどできないでしょう。

    GB: ではここでもうひとつの挑発的な仮説を挙げてみます。「歴史とは、
       新しい建築をつくろうとするときにこそ、その正当性が

認められる領域です」。そう考えると、建築の要素の習得のために、
建物を読解、模写するという方法の重要性が理解できます。
あなた方の仕事の中にも、このようなアプローチが見られます。
ゴウ、あなたはボストンで、トリプルデッカーという都市の
住居タイプを現代的に再解釈するというプロジェクトを行い
ましたね。そしてケルステンとダヴィッドはヴェンチューリの
「複雑な全体」という思想を、彼のプロジェクトを調べ、その
歴史的議論を研究することによって再評価しました。

GH: トリプルデッカーは、単純な木造3階建てのアパートです。
正面には出窓が縦に積み重ねられ、通常は1フロア1住戸という
構成、各戸は全方向に開口部をもち、現代的なアパートメントより
はるかに快適そうです。それはアルド・ロッシが『都市の建築』
の中で述べた、自立性と都市性を兼ね備えた都市のヴィラと
いえるのではないかと思います。
　ヴァナキュラーな建物は、長いあいだモダニズムに対する
カウンターパートとしての役割を担わせられてきました。
バーナード・ルドフスキーも「建築家なしの建築」を、高貴な
文化であるモダニズムに対抗するものとして位置付けたわけです。
けれども僕は、トリプルデッカーを新しい都市（アーバン）のヴィラとして
再定義することによって、モダニズムとヴァナキュラーという
対立を超えた類型学（タイポロジー）を示せないかと考えているのです。
このテーマはGSD（ハーバード大学デザイン大学院）で僕が
受け持っているスタジオで探求しているところですが、
僕自身の設計にも深く関わるものです。

KG: 僕たちはイェレナ・パンチェヴァツ、アンドレア・ザンデリーゴ
とともに、ヴェンチューリの「複雑な全体」についての
研究を行いました。それは単純でありかつ複雑な概念です。
その基本は「あらゆる建築は、それが良い建築であるならば、
常に複雑なものと考えられる」というもの。どんな建築も、
プログラムや敷地、クライアントとの複雑な関係の
産物であり、執念、アイデア、および参照されたすべての

物事が体現されたものです。ヴェンチューリは、
建築とは常に複雑で矛盾した存在だと考えました。そして
僕たちの建築も、一見理解できないかもしれませんが、
同じことがいえると思っています。
　　　　　　過去のアイデアの流用というテーマは重要です。
僕たちはモダニストではないし、与えられた一連のルール、
ドグマに従わない存在です。僕たちは人々をよりよくする
ために建築が必要などとは考えていません。最小限の
バスルームや、実用的なだけのキッチンを設計すること
にも興味がありません。そうではなく、非常に古いものも
含むさまざまな物事を許容できる空間の型（タイプ）に関心が
あるのです。僕たちはモダニズムに建物のつくり方を習って
いますし、いまだにミースやアバロス＆エレロスといった
建築家たちの技術的なアイデアに倣って仕事をしています。
僕たちは保守的に素材を扱うことも、建築を古い大理石の
塊と見なすようなこともしませんが、かといってそういう
考えに対抗しているわけでもないのです。僕たちは事例の
参照に興味がありますが、それらをあくまで「軽く」
扱っているのです。

DVS: 建築はひとつのアイデアの翻訳ではなく、常に無数の
アイデアの翻訳なのです。歴史がツールボックスを提供して
くれるということが重要だと思うのです。歴史は自分の行為を
過去の優れた何かと結び付け正当化する方法である以上に、
特定のプラン、技術、またはモデルなど沢山のツールが入った
素晴らしいアーカイヴなのです。僕たちはこうしたアプローチを
取り入れているのです。

GB: それでは、あなた方にとって歴史というのは、好きなように
使える解決方法や素材、形態を決める手法、アレンジ、または
アプローチなどを含むセット、アイデアのツールボックス、
ということになるのでしょうか。

GH: ツールボックスといういい方は、僕にはちょっと罠のように
聞こえますね（笑）。僕の答えはノーかもしれません。なぜなら
歴史はツールボックスほど固定的でも明確でもないし、何か
もっと自由で曖昧なものではないかと思うからです。
　たとえば「経堂の住宅」は、現代建築であると同時に周囲と
対話をしています。この自覚は僕のすべてのプロジェクトに
とって非常に重要です。なかでも屋根の勾配（ピッチ）がとても重要で、
あの勾配をどう定め、それによって周囲の住宅の屋根との関係を
どう定義するかに多くのエネルギーが注がれています。
僕にとっての歴史というのは、ツールボックスというよりは、
そのように建物を通して時間とコミュニケーションを取る
方法なのです。

KG: ツールボックスという言葉が罠のように感じられるのは
分かります。けれども歴史を、自分が使うためのさまざまな
要素や参照源、思考の蓄積と考えるならば、——それは必ずしも
自由にという意味ではなく、特定のプロジェクトのコンテクストの
中で、ということですが——ツールボックスと呼ぶことも
できると思うのです。僕たちは建築の様式史に非常に興味が
あります。それは建築がどう同じものとして、あるいは違う
ものとして見えるか、についての歴史です。ゴウは現代建築を
つくっているといいました。それは入手可能な現代の素材を用い、
現代のコンテクストの中で、現代の経済論理によってつくる
ということです。歴史はただアイデアを与えてくれる
だけではなく、あるコンテクストの中で、それがどのように
特定のアイデアをつくるかを示してくれます。パラーディオは、
ある種の経済的背景の中で、ある種のクライアントのために、
ある種の豊かさの表現として、あのヴェネトのヴィラを
つくったのです。
　これらのアイデア、参考となる図面、解決方法、そして
原則のすべてを、大きなボックスと見ることもできるでしょう。
難しいのは、その根拠を損なわないように、どのように歴史を
活性化できるかということです。ゴウと僕たちはこの問いへの
興味を共有していますし、同時にこの問いに対して明確な答えを

持ち合わせていません。歴史を文字通りに使って上手く
いくこともありますが、インスピレーションとして暗示的に
参照したほうが上手くいくことのほうが多いでしょう。歴史との
対話はまるで人との会話のように非常にややこしいのです。

GH: けれどツールボックスは話ができませんし、特定の目的の
ための特定のツールが入ったものとして僕たちはそれを
客観視できます。一方で歴史はもっと動的で現在進行形の
もので、さらに自分たち自身がそこに入り込んでいるので、
完全には客体化できない対象だと思うのです。

KG: それはエンリケ・ウォーカーのいう「制約」という考え方と
似ています。あなたは建築家として、常に制約を求めている
でしょう。敷地やクライアント、プログラムといった制約
以外にも、あなたは文化的な制約やその中のひとつである
歴史という制約を自ら探し求めているところがあると思います。
それは軽いこともありますが、ときには非常に重たいものです。

GB: 過去と対話することによって、現代的なアイデアを明確に
表現できることはありませんか。

GH: 僕にとっては、自分ひとりの想像力や経験を超えて行くための
手助けとして、歴史のような制約が非常に重要なのです。そのためには
歴史との ── そしてもちろん人々や場所との ── 対話は不可欠です。
　長いあいだ歴史は、建築家にとって敵のようなもの、
克服すべき対象とされていたように思います。今でも伊東豊雄は
「モダニズムを超えた建築をつくらなければ」といっていますが、
彼の世代にとって、ヨーロッパで生まれたモダンという概念は
依然として敵なのです。そして、伊東より後の世代の建築家たちは、
歴史と距離を置こうとしてきた。これは1980年代後半のバブル経済
時代に起こった日本におけるポストモダニズムのトラウマでしょう。

ファサードに歴史的な要素をコラージュのように用いるのは間違い
だったという結論に達し、それからしばらくのあいだ、伊東の後の
世代の建築家は間違いや誤解を避けるために——アトリエ・ワンの
ような例外はあったにしても——歴史に触れないようにして
きたと思います。けれども、このトラウマを経験しなかった
最初の世代の建築家である僕たちは歴史と親しく、そして対等で
あろうとしている。もちろん慎重に、ではありますが。
僕やオフィスにとって、歴史というのはもはや敵ではないの
ですが、僕たちは、他の世代の建築家たちのように、ただ歴史に
従うようなことも決してしないのです。

KG: 僕たちは2つの側面に対して戦う必要があります。まず一方では、
歴史に関心のある人々と。僕たちも歴史に興味をもっている、
というと彼らは疑いの目を向けてきますが、僕たちは
修正主義者ではありませんから古く見える建物をつくりません。
そしてもう一方では、何が現代で何が現代でないかについての
ドグマを抱える後期モダニストたちにも、自分たちの立場を
弁明しなければなりません。勾配屋根やレンガ造りの建物は
伝統的なものと捉えられがちですが、僕たちはそれでも全然
構わないと思っているのです。僕たちにとっては良いも悪いも
ないのです。OMA以降の多くの建築家たちは、ある程度歴史を
敵と見なしていましたが、それはおかしなことです。なぜなら
レム・コールハース自身が、ねじくれて複雑なやり方ではあるに
せよ、常に歴史に対してただならぬ興味をもってきたのですから。
この状況は世代的なもので、国や文化を越えて共通しています。

GH: たとえば、あなたたちはEPFL（スイス連邦工科大学
ローザンヌ校）の授業で行っている一連のプロジェクトで
特定の参照源についてリサーチをしていますが、
アダム・カルーソのそれとはまったく異っていますよね。
僕はカルーソは意識的に保守的であろうとしていて、
伝統をかなり忠実に追っている建築家だと思っています。
その意味で、あなたたちは保守的ではありません。

KG: そうですね。建物には柱があってもよく、閉じて重い必要はない、軽くてもいいと思っている。そういうことをわざわざ説明する必要があるのです。難しい立場ですね（笑）。

GB: あなた方は、歴史の中から参照源（レファレンス）を選んで、それを自分の作品に取り入れる。それがプロジェクトが進行しているあいだは続いていく、ということですね。
　そこで用いられる歴史的な参照源（レファレンス）の中には常に連続性と進化が混在している。とすれば、あなた方と歴史の関わりは真実の探求というよりも、主観的な解釈や誤読、さらにはすでに共有された物語の読み替えとして位置付けられるでしょうか。

KG: 今、歴史やパラーディオについて語ろうとしている若い建築家グループがいる、とグイード・ベルトラミーニが話していましたが、パラーディオ国際研究所所長の彼がこのようなかたちで現代建築につながるというのはすごいことです。前の世代の建築家たちがパラーディオを参照したとき、その結果は単なる柱やペディメントのコピーでした。僕たちもパラーディオが好きですが、そのコピーではない自分たち自身の建物をつくっています。それを歴史の曲解と呼ぶこともできるでしょう。それは僕たちの設計にとって生産的で基本的なことなのです。「私は桂離宮が大好きで、パラーディオを崇拝しています。それにジャン・ヌーヴェルのカルティエ財団もとても良いと思っています。」とどれも等しく歴史として考えられることが大切だと思います。

GB: 私が前に歴史の定義について尋ねたところ、ベルトラミーニは「歴史は存在しない」と答えました。あるのは過去を研究する方法だけだ、と。たとえば、ピーター・アイゼンマンは彼なりの方法で図面の描き方を学び、ヴェネツィアなどの都市形態を解釈しました。では私たちはどのようにして過去から物事を学べば

いいのでしょう。本を読み、平面図、断面図、写真を見て、
建築家たちの文章を読んで．．．。

DVS: それは誤読とおおいに関係があります。歴史に真実はありません。そこに見えるものはすべて過去に属し、あなたは自分の方法でそれを解釈するだけです。これは建築を訪れる際だけでなく、自分の作品をどのように再表現し、流用し、プロジェクトの中でどのような役割を与えるのか、という抽象化の作業にも関わってきます。それは過去に下された決定の背後にある隠れた真実を慎重に分析することではないのです。

KG: 事務所で考える時間は限られていますが、大学で教えながら思考の扉を開いて、その成果をある程度設計の仕事に還元することができます。あるプロジェクトのために改めて自分から何か積極的に参考文献を探すようなことはあまりしませんが、すでに机上に並んでいる物事が、むしろ役に立つのです。そうなるための準備期間が重要です。

GB: ゴウ、あなたはアイデア、意図、素材などのすべての歴史に興味をもっていますね。けれども、たとえばより現在に近い歴史において、必ずしも興味をもつ必要を感じないものもあるでしょう。

GH: もちろん、僕にもある種の好き嫌いはありますよ。けれども未来についてだけでなく、過去について関心を開く、ということを意識的に行うようにしています。

KG: 僕たちの興味も進化します。僕は篠原一男と坂本一成、そして東京工業大学の系譜について学ぶために日本を訪れたのですが、そのとき磯崎新の初期の作品集を読んで、磯崎の

立場に興味を覚えました。興味というのは料理に対する
味覚と同じくらいありきたりな理由で変化します。それは、
理解できないものを見たり、別の何かを見たいと思ったりする
ことによって起こるのです。今になって磯崎を理解できたのは、
一見関わりのないような物事への理解の蓄積と新たな視野に
よって、それ以前には見えなかったものを彼の仕事の中に
見たからなのです。

GH: 磯崎は建築界の親分的な役割を日本で担っていました。彼は、
30年前のポストモダニズムの時代に、日本の現代建築における
歴史の意味をリセットしたといえると思います。このことが、先程
指摘したように、日本の建築家たちの歴史に対する長いトラウマの
時代のひとつのきっかけになった。僕は1990年代後半から2000年代
前半にかけて建築教育を受けましたが、すくなくともそのときの
日本では、歴史に関する議論というのはほとんど皆無でした。

KG: コールハースが彼の世代にしたのと似たような役割を
磯崎が日本で果たしたという印象を僕はもっています。
彼らはどちらも型破りな種類の人たちです。

GH: その通りですね。

GB: ジョルジオ・アガンベンは、現代的(コンテンポラリー)であるということを、
現在進行中の今という時間との「ズレ」だと定義しています。
もしもあなたがまさにちょうどその時代にいるならばそれは
すでに古く、もしもあなたが新しすぎたり、時代を先取りしすぎ
たりしているならば、あなたはこの時代には属していないのです。
現代的であるためには、あなたはほんのすこし時代の外にいる
必要があります。パラーディオの建築は、その時代の建築と
ほとんど同じでありながら、ぴったりと重なってはいないのです。
私はあなた方が自分たちの作品を今この時代のものでありながら、

それだけではないものにするために、意図的に今の時代とは
異なる性質の建築を見て、その何かを自分たちの作品にも
備えさせたいと思っているのかどうかを知りたいです。

    KG: それは、僕たちが現代的であるために、わざと時代から
      ズレたものを意図的につくっているのか、という意味ですか？

GB: はい。

    KG: 運がよければ、そういうこともあるかもしれませんが、僕には
      意図的に「ここでは賢明に、ほんのすこしだけ時代とズレたものを
      つくろう」などということができるとは思えません。けれども、新旧に
      関わらずあるがままの現在の世界とは違うものを参照して何らかの
      バブルを捏造する必要がある、とはいえるかもしれません。僕たちは、
      あまりのスピードで起こっているすべての物事から、健康的な距離を
      置く必要があるでしょう。ゴウの「横浜の住宅」は比較的小さくて軽い
      建物ですが、それでも完成に２年の時間を要しています。あの住宅で、
      最も現代的な表現を追求することは的外れでしょう。僕はあの家は
      今日に属するものと理解しています。それは自動車会社に勤務し、
      鉄道駅に近い街の外で一年中暮らせる別荘のような住宅を望んで
      いる人と向き合うものでした。あの住宅には、文化的経済的な条件が
      変化したために20年前には建たなかった、その意味で今日にしか
      建ちえない、多くの現代的なアイデアが詰まっています。と同時に
      20年または30年前でも建てられたかもしれない、そういう試みにも
      なっている。ゴウはそのようなことをあの住宅で非常に上手く
      やり遂げています。あの住宅は、ゴウが現代的な状況の表現として
      設計したのではない、という意味で時代からズレています。彼は
      そのことに意識的ですし、それがこの建物の一部となっているのです。

GH: ケルステンは先程、桂離宮やパラーディオ、ジャン・ヌーヴェルに
   ついて言及していましたが、それはまさに僕が設計中に考えて

いることでもあります。あるプロジェクトのために、日本の木造家屋の歴史に特別な興味を抱くことはあるかもしれませんが、基本的に僕はすべてに興味があり、特定の時代を見ているわけではありません。このように複数の時間を束ねることは現代的なのかもしれませんが、僕はあるアイデアが現代的かどうかを気にすることもありません。「僕たち」が現代的なのですから。ケルステンのいうように、僕たちは現代の素材と技術を用いて、現代的な人生観をもったクライアントとの対話の中で建築をつくっています。現代的であることそれ自体は目的にはなりえません。僕たちは現代という時間の中に生きている、だから現代建築をつくる。それだけなのです。

KG: 現代的でないものをつくる唯一の方法は、何が何でも「過去のもの」を表現しようとすることで、僕たちはそんなことはしません。よって必然的に現代的であり、何でも好きなようにつくればいいのです。僕はこのような姿勢こそが、かつて「現代的でありたい」と切望した僕たちの前の世代との最大の相違点だと思います。彼らは、「これまで建物は四角かったので、四角いものはやめよう。これまで窓はまっすぐだったので、それらを湾曲させよう」と考えました。ときには外観を変えたり、ある面を強調したりと何かの変化を起こすことは必要かもしれませんが、何もかもについて際限なく疑問を呈することなど不可能です。そんなことをすればすべての意味が失なわれてしまうでしょう。

　僕たちが無意識に求めているのは、歴史的な、それも文化という世界の一部であるような参照なのかもしれません。もし作品がそういった参照を失ったら、後には何も残らないというリスクがあります。ですからこの参照探しの作業というのは若干保守的なのです。さらに一般論として、僕たちの世代はすこし保守的ですが、それは悪い意味ではないと思っています。僕たちはアドルフ・ロースが保守的だったという意味において保守的なのです。何がどこに属しているかを理解したいのです。ゴウは東京の寿司屋で、そこにいた80歳にもなろうかという寿司職人が今も伝統的な手法を守って仕事をし、それを確実に次の世代に伝えているという話をしてくれました。そういった伝統を否定する必要は

ありません。また彼らが常に「伝統的に見える」必要もありません。
そしてそれが寿司を握る職人であれ、家をつくる者であれ、
そこに受け継がれる遺産(レガシー)に僕たちは非常に興味があります。

GB: あなた方の作品には、建築の要素(エレメント)、そして素材に対する
考え方が強く現れています。柱やピロティといった要素を
取り扱うとき、そこに文化的な遺産を意識して、そして
それを表現しようとしているのでしょうか。

GH: 僕はすべてのプロジェクトにおいて、柱やピロティ、
バルコニーなどの建築要素に焦点を当てていますが、それは
建築が人々や周辺環境と対話するためです。僕は自分の
クライアントに対して、大学などのレクチャーで普段話して
いるのと同じようにプロジェクトを説明します。クライアントも、
柱やピロティ、バルコニーなどを知っています。僕は普通の人が
理解できるような設計をしたいと思っています。もちろん
他の建築家との対話も意識していますし、プロポーション、素材、
技術に対する専門的な知識も身に付けていますが、デザインの
はじめに建築のコンセプトが開かれている、というのが
僕にとっては非常に重要なのです。

KG: ピロティ、バルコニー、柱といった要素はル・コルビュジエ的です。
僕たちはクライアントにそういった建築要素の話をすることは
ありません。その代わりに「部屋」についての話をします。大きな、
小さな、天井の高い、あるいは低い部屋、といったように。
バルコニーがある場合でもそれらを部屋の延長や補完として
考えますし、僕たちの文化にピロティは存在しません。柱さえも
ほとんど存在しないのです。柱は部屋の境界領域を形成する
要素の軽いバージョン、といったところでしょう。
　ですから、すくなくともベルギーのクライアントとは「大きい
部屋が欲しいのなら、大きい部屋をつくりましょう。小さい部屋が
欲しいなら、小さい部屋をつくりましょう。窓は大きく、

または小さく」というように話をするのです。ある意味ではとても
シンプルです。そして僕たちの建物もそのようにつくられて
います。ここでゴウに尋ねたいのですが、なぜあなたはそういった
ル・コルビュジエ原則的な特定の要素についての話をするのですか。

GH:　僕には、建築家たちが要素の「意味」についてばかり
議論しすぎているように思えるのです。バルコニーや柱は、
ル・コルビュジエよりもはるか昔から存在しているのですから、
僕たちはその概念を好きなように使っていいのではないでしょうか。
僕の母は、バルコニーが何であるかを知っていますから、
職業的な観点を超えて彼女と話ができる。そういった共有財産は、
建築の大きな可能性のひとつだと思っています。

　　　　　　　　KG:　けれども僕は、あなたの住宅は要素指向的というよりも
　　　　　　　　　　　むしろ空間指向的だと思うのですが。

　　　　　　　　GH:　部屋についてももちろん考えます。けれども僕は、構造や柱の長さ
　　　　　　　　　　　というようなことに、より大きな関心があるのです。

KG:　僕の記憶の中で「経堂の住宅」は、天井がとても低い部屋、なのですが、
それは僕が部屋のことばかり考えているからでしょう。ですが
実際には、本棚と階段のあるその低い部屋の上に、屋根が見える
高い部屋がある。その屋根はバルコニーに向かって伸び、バルコニーは
部屋の一部になっている。誤解しないでほしいのですが、ちゃんと
建築要素や、屋根の薄さも見えているのです。僕はこの住宅を見る
たびドナルド・ジャッドを思い出します。この住宅でさえも、
あなたにとっては建築要素を扱った作品ということになるのですか？

　　　　　　　　GH:　「経堂の住宅」も部屋から考えはじめたのではありません。また、
　　　　　　　　　　　僕はこの住宅の1階にある本棚同士の隙間を部屋と捉えていません。

この住宅は壁と屋根と引き戸だけで出来ていて、箱または部屋、ではないのです。部屋はその結果に過ぎません。だからこそクライアントは屋根や壁の軽さの重要性について理解してくれたのだと思います。

DVS: そのようなアプローチはレベルの高い実用主義といえそうです。たとえば僕たちの「ソロ・ハウス」のプロジェクトは、何もない場所に住宅を建てるという意味でサバイバルに関わる、技術的な挑戦でした。現地で水、太陽エネルギー、熱、インターネット回線を入手する必要があり、そのすべてを住宅自身が解決しなければならない。そこで僕たちはこれらの必要な機械類をすべて彫刻のように見立てて屋根の上に置きました。それらはこの建築の最も根幹的な部分なのです。
　そしてバーレーンの「伝統音楽センター」のプロジェクトでも、空間と、そこで必要とされる技術的なものとの関係が示されています。僕たちは、柱と日除けのメッシュに囲まれた小さな寺院のようなプランをつくりましたが、もちろんそれだけでは不十分です。そこで必要なエアコンやトイレなどを家具の一部のように設計したのです。

KG: おそらく、「技術」が進歩を計る主なバロメーターとしての役割を終えたとき——すくなくとも建築の分野では——歴史が復活を遂げたのでしょう。技術が建物の外装に及ぼす空間的な影響は、どんどん小さくなっています。そのため技術の進歩とほとんど関係のないような古い建築様式に再接続することもはるかに容易なのです。僕たちはそのことに非常に関心があります。Wi-Fiによって配線の必要がなくなったおかげで、100年前または300年前の建物が再び優れた参照源になり、部屋から部屋への流れという純粋な空間構成が、再び建築の有効なアイデアになるのです。1970年代には、建物の外殻をいかに機能的につくるかがすべてだったので、そんなアイデアを売り込むことは不可能でした。

GB: このCCAのプロジェクトで、あなた方は歴史へのアプローチを具体的にどのように表現したのですか。

KG: 歴史、というのは斜に構えないと取り掛かれないテーマだと
思ったので、ここでは僕たちが歴史を扱う方法を単なるツールとして
示すことを試みました。それによって、ツールの歴史と、歴史が
どのようにツールや建築に影響を与えているのかを、断片（フラグメント）として
表現しています。それらは絶対的なものではありません。ブラマンテが
設計したある建物のすべての側面が僕たちの建築に影響を与えている
わけではないのです。平面図、物質化についてのアイデア、リズム、
詳細図、断面図といったことはある程度重要なのですが、ひとつの
プロジェクトには常にもっとずっと多くの物事が入り込んでいますから。

DVS: 建築をつくる断片（フラグメント）やツールというアイデアは、僕たちが
このプロジェクトで表現しようとした基本的な声明（ステートメント）です。
これらはすべて、独立しそれ自体として存在しています。つまり、
平面図は平面図であり、何か別のものの表現ではありません。
僕たちのつくる建築は歴史を通してこう問いかけてきます。
「平面図とは何ですか。断面図とは何ですか。詳細図とは何ですか。
空間とは何ですか。模型とは何ですか。コラージュとは何ですか。」
これらの問いは平易な言葉で投げかけられていますが、
同時に深淵な難解さを備えているのです。

KG: 最近ヘルマン・チェックの本を読みました。僕たちの建築は彼の
建築とはかなり離れたところにあると思いますが、その一方で、
背後にある彼の思想には、コンテンツを囲い込むというアイデアや、
生活と建築形態のあいだにある断絶の確信など、驚くほどの
類似性を感じました。ゴウの作品にも同じものを感じます。
そうすると、平面図、断面図、原寸大模型、写真といった建築が
生産するさまざまな側面を、非常に抽象的に見ることができるのです。
建築を、それがどこにどう建てられたかという事実と切り離して
考えることは簡単です。あるいは、建築が背景として機能するという
前提に立って、それらをすべてナイーヴに扱うことも可能です。
建築を、何かひとつの特定のアイデアや複数の理想論の表現として
ではなく、そのままそれ自体として認識するところから始めるのです。

DVS: 僕たちはCCAのプロジェクトを、自分たちの作品表現も含めてゼロからつくりました。ゴウが僕たちのためにつくり、僕たちもゴウのためにつくったので、誰がつくったのかという著者性は曖昧です。平面図が平面図に、断面図が断面図に、詳細図が詳細図になりました。このようなアプローチは、僕たちの歴史への関わり方にとても近いでしょう。鑑賞者は平面図を見ても、実際の建物を見ても、または僕たちが今回つくった展示物を見ても、それらから同じようにインスパイアされ、こうして建築は、ある程度抽象化されるのです。

GH: 歴史は、このCCAのプロジェクトのテーマでしたが、それは数ある僕たちの関心事のひとつに過ぎません。僕たちにとっては歴史だけでなく、素材、建設、都市そして生活にも関心があり、すべてが等しく重要なのです。ひとつの建築の中に、これらすべてへの興味から生まれえる、新たな建築の全体性を描きたいのです。そしてそのとき、建築における歴史の新たな役割を見出すことができると僕は考えていますし、実際そのことを、このプロジェクトのプロセスを通じてオフィスと僕のあいだで共有できたと思っています。

この対話は、約1年の時間をかけて、モントリオールと東京において、そしてSkype通話を通じて行われました。

本書は2017年にカナダ建築センター（CCA）にて開催された「ビサイズ、ヒストリー：長谷川豪、ケルステン・ゲールス、ダヴィッド・ファン・セーヴェレン」展のカタログとして、CCAと鹿島出版会により出版されました。

ビサイズ、ヒストリー　現代建築にとっての歴史
長谷川豪、ケルステン・ゲールス、ダヴィッド・ファン・セーヴェレン
発行：2018年6月20日　第1刷発行

企画編集：ジョヴァンナ・ボラーシ
著者：長谷川豪、ケルステン・ゲールス、ダヴィッド・ファン・セーヴェレン、バス・プリンセン、ステファノ・グラツィアーニ
編集担当：アンドリュー・グッドハウス
英語、日本語校正：篠原祐馬
日本語翻訳：坂本知子
書籍デザイン：日本デザインセンター色部デザイン研究室
（色部義昭、山口萌子）
CCA所蔵コレクション、模型写真：ミシェル・プレ
著作権、転載許諾担当：ステファン・アレクサンドレ
日本語版編集：阿部沙佳
発行者：坪内文生
発行所：鹿島出版会
〒104-0028 東京都中央区八重洲2-5-14
電話 03-6202-5200　振替 00160-2-180883
印刷：壮光舎印刷
製本：牧製本

ISBN 978-4-306-04665-8　C3052
© Canadian Centre for Architecture, 2018,
Printed in Japan

落丁・乱丁本はお取替えいたします。
本書の無断複製（コピー）は著作権法上での例外を除き禁じられています。
また、代行業者等に依頼してスキャンやデジタル化することは、
たとえ個人や家庭内の利用を目的とする場合でも著作権違反です。
本書の内容に関するご意見・ご感想は下記までお寄せください。
URL www.kajima-publishing.co.jp
e-mail info@kajima-publishing.co.jp

図版クレジット
長谷川豪建築設計事務所作成による図版 © 長谷川豪建築設計事務所
オフィス ケルステン・ゲールス ダヴィッド・ファン・セーヴェレン作成による
図版 © オフィス ケルステン・ゲールス ダヴィッド・ファン・セーヴェレン
バス・プリンセン撮影写真 © バス・プリンセン
ステファノ・グラツィアーニ撮影写真 © ステファノ・グラツィアーニ
page 019 © エレディ・アルド・ロッシ／アルド・ロッシ財団
page 022 © CCA
page 026 © CCA
page 032 © イニャキ・アバロス、フアン・エレロス
page 038 © CCA
page 040 © CCA
page 046 © 坂本一成
page 050 © CCA
page 054-055 © FLC（ル・コルビュジェ財団）／SODRAC
（カナダ著作権協会）(2017年)
page 060-061 © ルートヴィヒ・ミース・ファン・デル・ローエ・エステート／
SODRAC（カナダ著作権協会）(2017年)
page 070 © エットーレ・ソットサス・エステート／SODRAC
（カナダ著作権協会）(2017年)
page 071 © エレディ・アルド・ロッシ／アルド・ロッシ財団
page 072 © アレッサンドロ・ポーリ
page 073 © マデロン・ヴィリーゼンドープ

展覧会クレジット
キュレーター：ジョヴァンナ・ボラーシ
コンセプト：長谷川豪、ケルステン・ゲールス、ダヴィッド・ファン・セーヴェレン、ステファノ・グラツィアーニ（特別寄稿）
展示リサーチ、コーディネート：アイリーン・チン、アンドリュー・グッドハウス、アリアナ・レヴィラ、タニア・トゥヴァル・トーレス
展示デザイン：長谷川豪建築設計事務所
（ラウラ・メルリン、駒井慶一朗、野崎俊、吉田智大）
およびオフィス ケルステン・ゲールス ダヴィッド・ファン・セーヴェレン
（大沼雄一朗、寺田慎二）
グラフィック・デザイン：日本デザインセンター色部デザイン研究室
（色部義昭、山口萌子）
展示デザイン・レイアウト：セバスティアン・ラリヴィエール、アン・トゥルオング

CCAは、建築は社会的関心事であるという理念に基づいて設立された国際研究センターおよび博物館です。広範な所蔵コレクション、展覧会、プログラム、研究機会の提供を基盤とし、知識の向上と理解の促進、そして建築の歴史や理論、実践と今日の社会における役割についての思索と討論を広げる場を提供しています。

CCA理事会
フィリス・ランバート　設立者、名誉理事
ブルース・クワバラ　議長
ピエール＝アンドレ・テマンス　副議長
ギイード・ベルトラミーニ、スティーヴン・R・ブロンフマン、バリー・キャンプベル、マイケル・コンフォルティ、ティムール・ガレン、ノルマン・グレゴワール、イサベル・ジョンフ、シルヴィア・レーヴィン、フレデリック・ローウィ、ジェラルド・シェフ、ミルコ・ザディーニ　会員、
セルジュ・ジョイアル、ウォーレン・シンプソン　名誉会員

「ビサイズ、ヒストリー：長谷川豪、ケルステン・ゲールス、ダヴィッド・ファン・セーヴェレン」は、際立った建築的事例をペアとして組み合わせることによって、思考と実践における現代的なアイディアを追求しまたはそれに疑問を投げかけようと試みるCCAシリーズのひとつです。CCAギャラリーのコンテクスト内におけるインスタレーションとそれに伴う書籍の制作を通じて、建築家たちはCCAと特に関わりの深い概念についてのより大きな対話づくりに貢献する機会を与えられます。このシリーズにおけるこれまでのプロジェクトには、ウンベルト・リーヴァとビジョイ・ジェインによる『Rooms You May Have Missed』（CCA, Lars Müller Publishers出版、2015年）、グレッグ・リンとマイケル・マルツァン、そしてアレッサンドロ・ポリによる『Other Space Odysseys』（CCA, Lars Müller Publishers出版、2010年）、スティーヴン・テイラーと西沢立衛による『Some Ideas on Living in London and Tokyo』（CCA, Lars Müller Publishers出版、2008年）、ジル・クレモンとフィリップ・ラムによる『Environment: Approaches for Tomorrow』（CCA, Skira出版、2006年）が含まれています。

CCAより発行された書籍については下記のサイトをご覧ください。
cca.qc.ca/publications

Canadian Centre for Architecture
1920 rue Baile Montreal, Quebec
H3H 2S6 Canada
www.cca.qc.ca

All rights reserved under international copyright conventions.
すべての著作権は国際著作権条約のもとで保護されています。